Florence Littauer

Regalos en Cofres de Plata

El don de animar

Publicado por
Editorial **Unilit**
Miami, Fl. EE.UU.

Primera edición 1994

Publicado originalmente en inglés con el título:
Silver Boxes, por Word Publishing Dallas, Texas.

Traducido al español por: Mónica Goldemberg

Producto 498618
ISBN 1-56063-759-5
Impreso en Colombia

Printed in Colombia

CONTENIDO

Cuando hayas dado lo mejor
puedes quedarte con el resto.

Números 18:30
Paráfrasis de la autora

Cofres de plata

Mis palabras fueron duras y apresuradas,
fueron dichas sin pensar
y vi el dolor y la angustia
que causaron al punzar.

Esas mordaces palabras pronunciadas
me hicieron pensar en el pasado
y en las tantas veces que lo enunciado
produciría dolor perdurable.

Entonces pensé en todos aquellos
a quienes había herido con lo dicho por mí,
a tantos que desalenté y afligí
por no pensar primero lo que iba a decir.

Luego contemplé mi propia vida,
pensé en las palabras hirientes que había oído
y en los momentos en que me desanimé
debido a una palabra aguda y cruel.

Ahora recuerdo claramente
todas las cosas que debí haber hecho
pero debido a una palabra de desaliento
nunca las comencé.

Señor, que mis palabras sean regalos
envueltos con cuidado con un lazo encima
que pueda ofrecerlos libremente a mi paso
cada día de mi vida.

Cofres de plata que contienen tesoros,
preciosos regalos del Altísimo,
que todos aquellos que salgan a mi encuentro
puedan tener un cofre lleno del perfecto amor de Dios.

Michael Bright
1989

Introducción

¿Es edificante?

Cuando Fred y yo estábamos criando a nuestros hijos, acostumbrábamos memorizar versículos bíblicos que fuesen prácticos para la vida diaria. Uno que usábamos con frecuencia para darle el tono a nuestra conversación durante la cena era Efesios 4:29: "Ninguna palabra corrompida salga de vuestra boca sino la que sea buena para la necesaria edificación, a fin de dar gracia a los oyentes".

Nuestras palabras tenían que ser positivas, no negativas. Tenían que edificar a cada miembro de la familia y tenían que beneficiar a quien la recibía. Al evaluar este versículo y ver la manera de aplicarlo en forma personal, lo condensamos en una sola pregunta: ¿Es edificante?

Fred y yo hicimos un acuerdo con nuestros hijos. Ellos estaban autorizados para hacernos a nosotros la misma pregunta. Si alguno de nosotros decía alguna cosa sarcástica o hacía algún comentario negativo, cualquiera de ellos podía preguntar: ¿Es edificante?

Entonces, teníamos que convenir que lo que habíamos dicho no cumplía con ese requisito y no beneficiaba al que lo recibía.

En una ocasión escuché a Freddie explicándole a un amigo: "Si ella te pregunta: '¿es edificante?' quiere decir que dijiste algo mal. La mejor manera de salir del problema es diciendo que lo sientes y cuidarte para no repetirlo".

El había aprendido bien la lección.

Este libro está basado en Efesios 4:29. Es mi deseo que nos ayude a todos a eliminar las palabras negativas de nuestro vocabulario y decir solamente aquellas cosas que levanten a otros y sean un regalo para quienes escuchen.

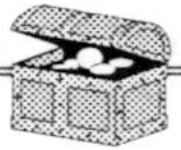

Ninguna palabra corrompida salga de vuestra boca, sino la que sea buena para la necesaria edificación, a fin de dar gracia a los oyentes

(Efesios 4:29)

No digan malas palabras, sino sólo palabras buenas y oportunas que ayuden a crecer y traigan bendición a quienes las escuchen

(Efesios 4:29 V.P.)

No salga de vuestra boca ninguna palabra mala, sino sólo la que sea buena para edificación, según la necesidad del momento, para que imparta gracia a los que escuchan

(Efesios 4:29 B.A.)

Regalos en Cofres de Plata

1

Cofrecitos de plata para regalar

Era la típica iglesia de estilo inglés antiguo, con alfombra roja en el pasillo central y altos vitrales abovedados que reproducían la entrega de Moisés de los Diez Mandamientos. Era el tipo de iglesia a la cual la gente llegaba temprano para ubicarse en los asientos del fondo, en cierta medida temiendo que sentándose adelante se volvieran muy espirituales o estuvieran demasiado cerca de la mirada del pastor. Había sido la directiva de esta iglesia tradicional quien me había llamado para enseñarles cómo dar mejores sermones y cómo despertar los corazones de su aletargada membresía.

Era una mañana de domingo. Yo había llegado con un día de anticipación para observar a la gente y sus necesidades. Me senté cómodamente, pensando que contaba con un domingo sin tener que disertar cuando escuché decir al pastor: "Veo que Florence Littauer se encuentra con nosotros esta mañana y creo que sería lindo si ella viniera hasta acá y nos dijera algunas palabras".

Sin saber qué decir, me revolví en mi asiento. Mientras me levantaba, el pastor agregó: "Mejor aún, qué tal si la señora Littauer les da el sermón a los niños".

Nunca había predicado a los niños y pensé: *Hay una gran diferencia entre decir algunas pocas palabras y dar un sermón a los niños.* Tuve deseos de contestar: "No doy sermones infantiles", pero me di cuenta que si estaba allí para enseñarle a la directiva de la iglesia cómo hablar espontáneamente, no podía rechazar la invitación. Mientras avanzaba por el pasillo, el pastor les pidió a los niños que salieran de los bancos y pasaran al frente, siguiéndome como al Flautista de Hamelin.

¿Qué iría a decir? No podía fallar o perdería mi credibilidad. Le pedí al Señor en oración que me ayudara e instantáneamente vino a mi mente el versículo de Efesios 4:29. Era el versículo que Fred y yo les habíamos enseñado a nuestros hijos para que pudieran hablarse entre ellos con cordialidad. Ya para entonces, los pequeños, cuyas edades oscilaban entre los tres y los doce años, habían ocupado los bancos vacíos de las primeras filas. Me di vuelta y me paré delante de ellos.

"Esta mañana les voy a enseñar el mismo versículo que le he enseñado a mis hijos. ¿Creen que pueden aprenderse un versículo?"

Todos asintieron con alegría y me complació su disposición.

"Cada vez que aprendemos un versículo, deberíamos preguntarnos tres cosas: ¿qué dice, qué significa y cómo lo aplico a mi vida?

Luego comencé con el versículo: "Ninguna palabra corrompida salga de vuestra boca, sino la que sea buena para la necesaria edificación, a fin de dar gracia a los oyentes". (Efesios 4:29)

Al preguntar si alguien sabía lo que quería decir ese versículo, todos movieron la cabeza negativamente. Era demasiado para ellos. —"Vamos a analizarlo"—sugerí—. ¿Qué es la comunicación? Dieron respuestas rápidas: hablar, enunciar palabras.

—"¿Qué es la comunicación corrupta?"

Un chico de unos diez años contestó haciendo un guiño: malas palabras.

—"Correcto"—le dije—. "A Dios no le gusta que nosotros digamos malas palabras. ¿Qué le gusta a El que digamos? Palabras buenas, que edifiquen. ¿Qué quiere decir edificar?"

Se pusieron serios mientras se preguntaban el significado de la palabra.

—"¿No quiere decir construir?" —exclamó una niña.

Me sorprendió que encontrara la palabra adecuada.

—Perfecto— le dije entusiasmada—. No debemos decir malas palabras sino buenas palabras; palabras que construyan a los demás. Ahora, ¿qué quiere decir *dar gracia?*

Nos pusimos de acuedo en definir el término y concluimos en que quería decir servir a otros. Una de las mayorcitas dijo: "Aprendimos en la escuela dominical que la gracia es el favor de Dios no merecido". Los demás la miraron como si estuviese hablando en otro idioma, pero yo la felicité y amplié su afirmación.—Eso es grandioso. La gracia es un regalo que no nos merecemos.

Luego continué explicando que Pablo había escrito estos versículos a la iglesia de Efeso porque se había enterado que las respetables personas de esa congregación estaban hablando mal la una de la otra. A pesar de ser buenos cristianos, no estaban hablando bien y él tuvo que hacerles una observación acerca de lo que estaba saliendo de sus bocas. Pablo tuvo que advertirles a estos bien intencionados cristianos que controlaran su vocabulario y dejaran de hablar mal los unos de los otros para empezar a decir cosas que los edificaran y les dieran gracia.

Pregunté: "¿Es posible que alguna de las buenas familias que hay en *esta* iglesia haya dicho algo desagradable de otra alguna vez?" Los niños abrieron grandes los ojos y hasta algunos dijeron que era posible que sí lo hubieran hecho.

Y continué: "Veamos cómo podemos aplicar este versículo en nuestras vidas. Lo hemos analizado para entender lo que realmente nos quiere enseñar. Hemos visto lo que el apóstol les enseñó a esas personas de Efeso antiguamente. ¿Qué nos dice a nosotros hoy, a los cristianos que estamos reunidos esta mañana en esta iglesia? ¿Qué clase de comunicación corrupta o malas palabras dejamos salir de nuestra boca?

»Juramentos, lenguaje grosero, chismes, altivez, hablarle a sus mamás ásperamente".

Todos se identificaron con esto último y convinimos en que hablarle a las mamás de manera desagradable era, definitivamente, comunicación corrupta.

—¿Cómo podemos hacer que nuestras palabras sean buenas para la edificación de otros?—pregunté.

Dieron diferentes respuestas.

'Decirle cosas agradables a los demás, hacerles un cumplido, alentarlos, ayudar a los padres cuando están malhumorados, decir la verdad'. Mientras estudiábamos el proceso para edificar a los demás, un inteligente muchacho dijo: nuestras palabras deberían ser como ladrillos de construcción.

Me agradó esta simple y clara comparación. "Esa es una gran idea. Deberíamos pensar en cada una de nuestras palabras como si fuesen ladrillos sobre los que podemos seguir agregando buenas palabras hasta formar una columna que cada vez crece más alta".

Mientras demostraba con mis manos lo que quería significar con agregar ladrillos a la columna, un muchachito exclamó: '¡Y no debemos andar por ahí derribando la columna de los demás!'

Todos se rieron y yo festejé su brillante comparación. "¡Qué gran cosa has dicho! ¡Qué cuadro más exacto! Aquí hay una gran pila de buenas palabras y aparece alguno con un comentario negativo y nos tira todos los ladrillos abajo".

Recibieron el mensaje con claridad y yo estaba sumamente complacida con la participación estusiasta de este pequeño grupo. Estaban más atentos y receptivos que muchas audiencias de adultos y comencé a preguntarme por qué no habría dado antes sermones infantiles. Continué con el resto del versículo, donde dice que nuestras palabras deben dar gracia, ministrar, ser un regalo. Les expliqué que cuando nuestras palabras salen de nuestra boca deberían ser como regalitos bien envueltos. La idea del regalo les gustó. Una pequeñita se levantó y parándose en el medio del pasillo dijo a la congregación como si fuera mi intérprete: "Lo que ella está diciendo es que nuestras palabras deberían ser como regalos en cofrecitos de plata con un lazo encima".

Los adultos asintieron haciendo comentarios. Yo exclamé: ¡Qué linda idea! Nuestras palabras deberían ser regalos para los demás, como pequeños cofres de plata con un lazo encima.

¿Qué más podría agregar? Los niños se han enseñado el versículo unos a otros y creo que ninguno de nosotros tampoco lo olvidaremos. No deberíamos decir ninguna palabra grosera, desagradable o vulgar sino pensar en nuestras palabras como ladrillos que se van superponiendo y ganando altura. Tampoco deberíamos ir por allí derribando las pilas construidas por otros. Deberíamos asegurarnos que nuestras palabras fueran como regalos en cofres de plata con un lazo encima, regalos verbales que alentaran a los demás.

Cuando una lección es enseñada por los niños, es lo suficientemente clara como para que los adultos la asimilen y la recuerden.

En ese momento no sabía el resultado posterior del aporte de la niñita: primero el mensaje y ahora un libro repleto de *cofres de plata* .

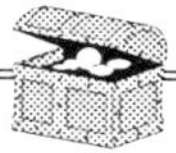

De la boca de los niños y de los que maman, fundaste la fortaleza.

(Salmo 8:2)

Un cofre de plata para cada cuarto

Aunque nunca me volvieron a pedir que les diera un sermón a los niños, jamás pude olvidarme de las palabras de esa pequeña. "Lo que ella quiere decir es que nuestras palabras debieran ser como regalos en cofrecitos de plata con un lazo encima".

En noviembre de 1987 hablé en el servicio vespertino de la iglesia Calvario de Winter Park en Florida. Mi mensaje estaba basado en Efesios 4:29 y usé el ejemplo del cofre de plata. No pude dejar de notar con cuanta atención escuchaban los niños y los adolescentes. Un chico de doce años me dijo después: "Estuvo tan interesante lo que usted dijo que ni siquiera abrí el libro que me había traído para leer". ¡Me sentí tan contenta!

La noche siguiente, al llegar a la misma iglesia para realizar un seminario para incrementar la personalidad, una mujer se me acercó trayendo un cofrecito espejado con un lazo encima. Era un adorno de Navidad que había visto en una tienda. Me lo dio diciendo: "Hoy estuve en un negocio y cuando vi este cofrecito de plata no pude hacer otra cosa que comprárselo". Póngalo en su árbol de Navidad y cada vez que pase a su lado, le servirá para que recuerde decir sólo palabras agradables, pequeños regalos en cofres de plata. El cofrecito nunca llegó al árbol pero desde entonces lo llevo conmigo. Cuando abro mi portafolio y lo veo en una esquina, me recuerda que debo decir palabras que edifiquen y den gracia a los oyentes.

Esa misma noche, una mujer de aspecto dinámico vino hacia mí trayendo un regalo envuelto en papel plateado.. Comenzó agradeciéndome el mensaje que había dado y luego añadió: "Usted me hizo notar que no le había dicho una palabra amable a mi esposo durante años".

Su hija adolescente, parada detrás suyo, estaba asombrada por la franqueza de su madre. Mirándome por encima del hombro de su madre asintió con la cabeza, corroborando lo dicho por ella.

La madre continuó diciendo: "Tampoco lo he hecho con mis hijos".

La muchacha abrió grande los ojos al escuchar la confesión de su madre. "Así que esta tarde me metí en el garaje y saqué algunas cajas de regalo vacías. Fui al centro y compré un rollo de papel plateado y una bolsa de lazos plateados. Envolví las cajas vacías transformándolas en cofres plateados. He colocado uno en cada habitación de la casa. No importa donde me encuentre, mire para donde mire me toparé con un cofre plateado que me recordará pronunciar palabras agradables a quienes me rodean. La hija me miró como diciendo "ese será el gran día" y la madre me dio uno de aquellos regalos finamente envueltos. "Este es para usted".

Traje la caja a casa y todavía hoy está sobre el escritorio de Fred en nuestra oficina como recordatorio para todos nosotros. Con frecuencia las visitas nos preguntan si es el cumpleaños de alguien y eso nos da la oportunidad de explicarles que nuestras palabras deberían ser como regalos en cofres de plata con un lazo encima para que sean recordadas siempre.

Se me pidió que diera el mensaje del cofre de plata en un banquete para parejas en Wichita, Kansas. Los organizadores envolvieron cientos de cofres con lazos plateados para decorar las largas mesas. Las mujeres dedicaron varias horas a envolver los cofres, pero creían que valía la pena hacerlo debido al tema que se iba a tratar. Además, le darían a los cofrecitos un uso doble al volverlos a usar en la decoración de las mesas el mes entrante para el banquete navideño.

Estaban emocionadas al ver lo bonitos que quedaban y que el mes próximo no tendrían más que agregarle a la decoración algo de verde.

La concurrencia se compenetró tanto con el mensaje que cuando levanté una de los cofres y dije: "Nuestras palabras debieran ser como regalos en cofres de plata con un lazo encima", repitieron las palabras junto conmigo.

Casi al finalizar el mensaje, noté que las mujeres de la comisión organizadora estaban paradas en fila a lo largo del gimnasio sosteniendo en las manos grandes bolsas negras para basura. Pensé que nunca había visto mujeres tan ansiosas por juntar la basura que se pararan alertas, listas para moverse en masa con el último amén del pastor. Yo terminé y él oró. Cuando la gente comenzó a moverse hacia la parte posterior del salón, las mujeres avanzaron con las bolsas preparadas. Enseguida me di cuenta que tenían la intención de juntar los cofres envueltos en papel plateado para guardarlos para el mes siguiente, pero a pesar de su apresuramiento, las mesas estaban vacías. Todo el mundo se había llevado a casa un cofre para colocarlo en algún lugar visible que les recordara que sus palabras debían ser como pequeños regalos en cofres de plata con un lazo encima.

En una de las iglesias que llevé "Regalos en cofres de plata" como mensaje para un almuerzo, la comisión organizadora preparó cofrecitos plateados individuales para cada comensal como regalo. Dentro de cada uno estaba escrito el versículo de Efesios 4:29 y un corto mensaje. "Que cada palabra que digamos sea como un regalo en un cofre de plata con un lazo encima".

Cada señora prometió colocar el cofre en un lugar visible y dejarlo allí para siempre.

Otro grupo cortó un espejo en pequeños cuadraditos y le pegaron un arco iris y el versículo de Efesios 4:29 debajo. Detrás de cada cofre de plata con un lazo encima adosaron un imán para que pudiera adherirse a la heladera y fuera un continuo recordatorio.

A medida que el mensaje del cofre de plata se popularizaba, fui agregando más cofrecitos a mi colección. Ahora, cuando diserto, tengo una buena cantidad de cofres plateados para escoger. Tengo uno diminuto de plata fina, unos cuantos para adornar el árbol navideño y algunos grandes. Todos ellos me los dieron personas a quienes les gustó el concepto y deseaban contribuir.

Antes de la Navidad de 1988, cuando Fred y yo estábamos de compras en Nueva York, vimos el suéter negro que uso en la fotografía de la tapa de este libro. Estaba puesto en un maniquí; cuando vimos el lazo plateado hecho con lentejuelas que tenía en el frente supimos que estaba confeccionado exactamente para mí.

Después de Navidad, cuando andaba atrás de unos zapatos en liquidación, me quedé pasmada al ver un par plateado con un lazo al costado. Los tomé preguntándome qué número serían y cuánto valdrían. Eran mi medida, me calzaban perfectamente pero no tenían el precio marcado. Como era una boutique exclusiva, no me animaba a preguntar. Cuando la vendedora encontró la caja me mostró el precio original: 200 dólares. Me sobresalté pensando que lo máximo que podrían haberlos rebajado era a 100 dólares. Pero la vendedora miró la caja exclamando: "¡No puedo creerlo! Están marcados en $29.95". Agarré los zapatos rápidamente antes que ella cambiara de opinión y los he usado en mis charlas sobre el tema de las palabras usadas como regalos en cofres de plata con un lazo encima.

Marte Simpson me envió una nota diciéndome cómo su maestra de cuarto grado la había alentado para dedicarse a la fotografía. Al final escribió:

"P.D. Me encanta el lazo plateado de su traje y sus zapatos plateados. ¡Qué especial es Dios al darle una vestimenta así! ¡Es perfecta!"

Aunque uso mi vestimenta plateada por diversión, he descubierto que le ayuda a la gente a retener el mensaje.

Cada ilustración visual que la gente pueda guardar en su mente sustenta el valor de la inspiración.

Mi amiga Dee escribió que ella había recibido varios regalos en cofres de plata durante su vida, pero que debido a ciertas dificultades en su matrimonio no había pronunciado palabras amables durante años.

> Al escucharte hablar tomé conciencia que de mi boca no habían salido cofres de plata; ni tampoco de la de él, desde que comenzaron nuestros problemas. La autoestima de mi hija de ocho años es nula. Ella está tratando de hacer lo mejor que puede para que la gente le dé cofres de plata. Te había oído hablar el año pasado, pero recién ahora tus palabras calaron hondo. Necesito continuamente tener a mi alrededor cofres de plata, en el automóvil, en casa y en la casa rodante. Gracias por compartir tus cofres de plata. Conservaré el recuerdo de haberte visto con el brillante lazo plateado en tu traje al dar tu mensaje. Necesito que mis palabras, desde ahora y para siempre, sean como regalos en cofres de plata con lazos.

En el retiro de mujeres del sur de California la adolescente Cherie Simpson me trajo un diminuto cofrecito plateado. Estaba hecho con papel plateado. Cherie me mostró cómo lo había hecho usando el arte japonés de plegar papel llamado origami. Estaba fascinada al ver con qué facilidad ella había podido crear un cofrecito y le pregunté si podía conseguir las instrucciones y enviármelas para que yo pudiera incluirlas en este libro.

Cuando recibí su encomienda, traía tres cofrecitos plateados, papel origami plateado y las indicaciones que se encuentran al final de este capítulo. Cherie también adjuntó su tarjeta comercial: GALERIA DE ARTE INFANTIL. A los diez años, con el estímulo de sus padres estableció un negocio en Northridge, California, donde enseña cómo desarrollar los talentos artísticos. Ahora enseña cómo dar cofres de plata.

Si tú no puedes conseguir papel origami, puedes pedirlo a: Yasutomo, Brisbane, CA 94005.

Dorothy McKendry escribió: "Un millón de gracias por todo lo que me ha dado en este fin de semana. Este poema es corto y sencillo pero al ver a Florence parada en el estrado con ese hermoso árbol de Navidad detrás suyo mientras hablaba, sentí el fuerte impulso de escribir este poema:

La Navidad se presenta una sola vez al año
con el tañir de campanas y los trineos voladores
pero nuestra amistad se queda el resto del año
echando raíces, fortaleciéndose.
Como los regalos navideños irradian oro
aquí tienes un *cofre de plata* para guardar.

Hay hombres cuyas palabras que son como golpes de espada; mas la lengua de los sabios es medicina.

(Proverbios 12:18)

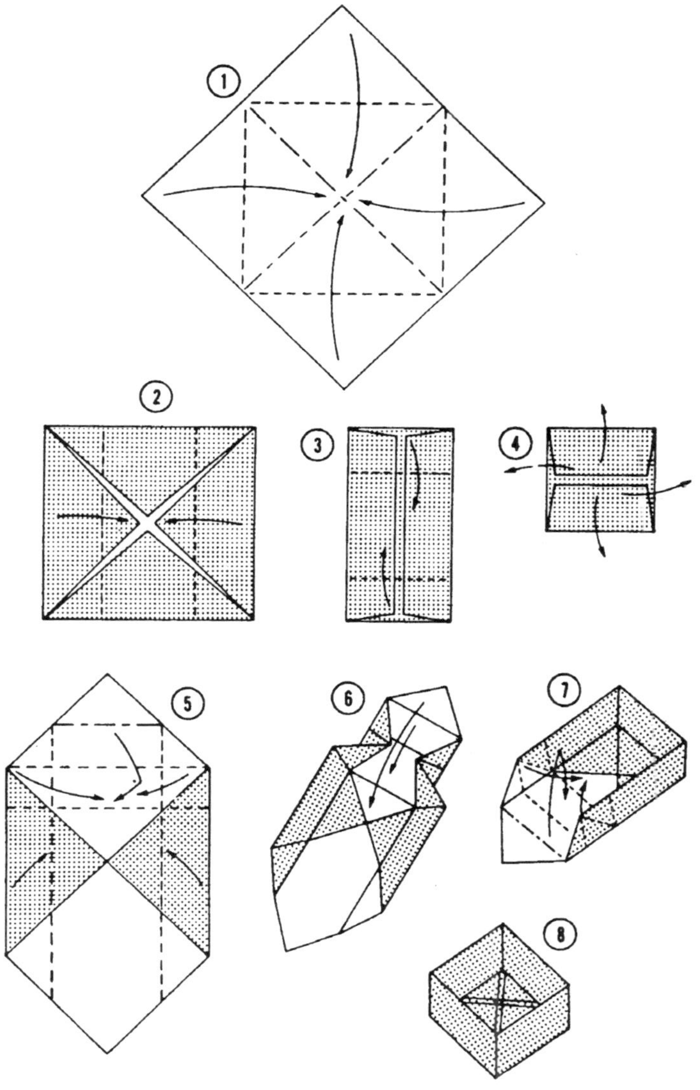
1
2
3
4
5
6
7
8

Cofres de juguetes

Parece que como a los niños les gustan las cajas llenas de muñecos, camiones y juegos, les divierte y comprenden lo que significa una cofre lleno de palabras de estímulo.

Después de haber presentado el mensaje del cofre de plata en la iglesia Calvario, se me acercó un muchacho con una anotación hecha en papel borrador.

Florence:

¡Que Dios la bendiga!
¡La quiero!
Usted verdaderamente me ha tocado,
tendré cuidado con lo que diga.

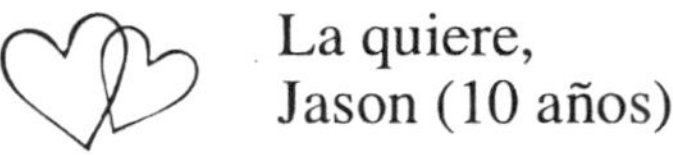

La quiere,
Jason (10 años)

Guardé la notita de Jason y cuando doy mis conferencias la uso como ejemplo de cómo los niños pueden responder cuando comprenden el mensaje y sienten que el orador se preocupa realmente por ellos. Una noche, después de hablar de Jason recibí una nota en mano de un pequeñito de siete años. Me incliné mientras él me susurraba al oído: "Yo también me llamo Jason y quiero darle una nota para que también hable de mí".

Su nota estaba escrita en un pedazo de papel borrador arrancado sin cuidado, pero me lo dio como si fuera un tesoro. De un lado había corazones y decía: "Te quiero, Jason".

Del otro lado había una casa con muchas ventanas y un bosquejo de Jason parado sobre un cofre que entendí representaba el cofre de plata con un lazo encima. Tal vez, él era el lazo. Su autorretrato era un triángulo que daba forma al cuerpo con un enorme corazón que ocupaba todo el centro. Me conmovió que él, con siete años de edad, hubiese oído, entendido y respondido.

Una niñita llamada Angie me dio una hoja que decía:

Florence Littauer, me gustó su mensaje.
La quiero. Realmente, me tocó. Gracias por los cofres de plata.

 La quiere, Angie

Ella había dibujado un gran cofre plateado al pie del papel que señalaba diciendo: Este es mi cofre de plata con el lazo encima para usted.

Una noche, después de un servicio un chico de brillantes ojos grandes se me acercó diciendo: quiero llevarme a casa su cofrecito.

El cofrecito que él mencionaba era uno especial, de los que me habían obsequiado, con el que había ilustrado mi mensaje.

—"¿Quieres mi cofrecito plateado?"—le pregunté.

—'Sí. Necesito tenerlo'.

—"Lo siento"—le contesté—"pero necesito conservarlo para usarlo cuando doy este mensaje".

Se le llenaron los ojos de lágrimas y dijo: 'Verdaderamente, necesito su cofrecito'.

—"¿Qué harías con él?"

—'Lo pondría sobre mi cómoda y todos los días lo miraría para decir solamente palabras agradables'.

De pronto me di cuenta que era más importante que él tuviera el cofre y no yo. Recordé el versículo que dice: "el que sabe hacer lo bueno y no lo hace, le es pecado". (Santiago 4:17)

Me agaché para colocarle el cofrecito en la mano y él se estiró y me dio un beso susurrando, siempre lo recordaré.

Más tarde medité en las consecuencias que pudiera haber tenido el rehusarme a darle el cofrecito. El se hubiera ido pensando *ella habla de dar cofres de plata, pero no me dio uno a mí.* El podría haberse convencido de que: *Todos los adultos son egoístas. Todos los predicadores son falsos.*

No sé lo que habrá hecho con el pequeño cofre este melancólico muchachito. Quizás lo tenga sobre su cómoda durante años y le enseñe la lección a sus amigos. Quizás su madre se lo tire a la basura uno de esos días de limpieza general. No importa. Sé que hice lo correcto y tal vez eso marque la diferencia en la vida de ese niño.

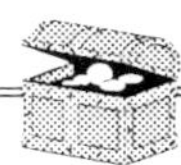

Una niña de diez años me escribió una nota en una de las tarjetas para visitantes que se colocan en los estantes de las iglesia.

Querida Florence:

> ¡Que Dios la bendiga! ¡Me ha cambiado la vida! Usted es un cofrecito de plata. Tengo algunos de sus libros y cintas. ¡Adelante!
>
> La quiere, Carissa

P.D. Me gusta su trabajo.

También dibujó un cofre plateado enlazándola con una flecha, en caso que no me diera cuenta la relación.

La familia Regazzi había estado oyendo mis casetes sobre cómo incrementar la personalidad durante años. Cuando diserté en la Universidad Andrew estaban todos sentados en la primera fila. Me llevaron a su casa y conocí a sus dos hijos, Marla (16) y Marcos (12). Más tarde Marla escribió:

Querida señora Littauer:

Es difícil dirigirme a usted llamándola "señora Littauer" ya que en casa era simplemente "Florence". Para mí, usted es como una amiga o como mi vecina de al lado. Usted es parte esencial en mi vida. Una frase favorita de nuestra familia era: ¿Nos da seguridad? Estoy segura que ahora la convertiré en: ¿Es edificante? Ha sido un privilegio pasar un tiempo en privado con usted. Muchas gracias por todos los cofres de plata con lazos encima que me ha brindado tan amablemente.

La quiere, Marla.

Me escribió Keri Simms, de diecisiete años.

Florence,

Este otoño fui a un campamento de la Convención Bautista del sur llamado "Caída libre". En este campamento nos separamos en pequeños grupos para tener estudios bíblicos diarios. Al final de la semana se nos pidió que tomáramos un pedazo de papel y pusiéramos nuestros nombres y que escribiésemos algo agradable de los demás.

Aunque era una tarea asignada, me daba pena leer esos comentarios. Esas personas a las que había conocido hacía tan solo setenta y dos horas me habían dado cofres de plata coronados con un lazo. Ellos significan mucho para mí. Generalmente es fácil decirle cosas a las personas que conocemos, pero cuando la gente que no me conoce mucho me dice "tú te preocupas, sabes escuchar y tienes una sonrisa amorosa que revela que Jesús vive en ti" me emociona cada vez que lo leo. Eso ha sido para mí un cofre de plata con un lazo encima.

Keri Simms

Los chicos inteligentes quieren aprender sinceramente acerca de sí mismos y la forma de incrementar su personalidad, si tan sólo alguien pudiera enseñárselo de manera sencilla y entretenida. En mi libro *Raising the Curtain on Raising Children* les he mostrado a los padres y abuelos cómo enseñarles sobre sus personalidades de una manera entretenida. Siempre me sorprendo al ver como los pequeños que han escuchado mis casetes y han sido alentados por sus padres vienen a un seminario de un día de duración, escuchan y toman apuntes.

La pequeña Amanda Thar tiene tan sólo ocho años. No solamente ha escuchado los casetes sino que ha oído el mensaje dominical sobre los estuches de plata. Luego me envió una nota con un dibujo hecho a mano para el día de San Valentín. Su dibujo tenía una M (melancolía) atando la casa. La S (sanguínea) se suponía que era yo hablando sobre la plataforma cerca de una mesa llena de cofres de plata con un lazo encima. La F (flemática) estaba descansando al sol, tendida en la arena. Y la C (colérica) era la maestra detrás de su escritorio, indicándole a los alumnos lo que debían hacer.

A tan temprana edad, Amanda tiene una gran comprensión de las personalidades, lo que le ayudará para entender a su familia y amigos sabiendo el valor que tienen los cofrecitos de plata con el lazo encima.

Juan tenía once años cuando me escuchó hablar por primera vez acerca de las personalidades. En cada descanso del seminario, Juan se acercaba para conversar conmigo y yo le decía lo asombrada que estaba de que alguien de su edad estuviese dispuesto a sentarse todo un sábado para aprender cómo comprenderse a sí mismo y a los demás. Juan y yo nos hicimos amigos y cada vez que me encuentro en Arizona, Juan aparece aunque el seminario sea para mujeres. El se para en la mesa del fondo y le explica a la gente acerca de los diferentes casetes y libros.

Durante los últimos años su madre ha concurrido a los retiros de mujeres del sur de California trayendo a Juan con ella. A pesar que él, obviamente, no es mujer le permitimos sentarse atrás cuando hablo y también ayudar a mi marido con los libros. Después del último retiro su madre escribió,

> Florence, usted me ha dado a mí y a mi familia muchos cofres de plata. Juan los comparte con todos aquellos con quienes se contacta. El verano pasado, él transmitió la información acerca de las personalidades a su tía y a su abuela. Con los Niños Exploradores aprendió a ser consejero y fue entrenado para líder. En todas estas actividades ha puesto en práctica sus enseñanzas para ayudar a otros y para poder comprender a los demás y llevarse mejor con la gente difícil.

Juan ha asistido recientemente a la Reunión de los Hombres, un retiro para hombres que promovimos en Irvine, California. Era el más joven y entusiasta de los asistentes. Adoro al joven Juan, que ahora tiene catorce años, y sé que su deseo de aprender y compartir le dará una tremenda ventaja en sus relaciones personales cuando madure.

No solamente los pequeños prestan atención a mis charlas sobre los cofres de plata, sino los adolescentes, quienes siempre se aburren con los sermones, parece ser que se sienten fascinados con la idea de que sus palabras pudieran ser de valor.

Ellos siempre están dispuestos a darme ejemplos de personas que los han ayudado o lastimado con sus palabras.

Jeanine me escribió contándome que la gente se reía de ella, diciendo que estaba gorda.

> Me sentía terriblemente dolida en mi interior, a tal punto que dejé de comer por dos días. Fui a ver a mi pastor quien me dijo cosas positivas sobre mi persona. Me demostró que realmente se preocupaba y que no le importaba mi aspecto exterior. El me dio "Regalos en cofres de plata". El es el único a quien puedo acudir. El me hizo encontrar las cosas buenas de mí misma cuando estaba pensando seriamente en suicidarme. Sus cofres de plata son muy hermosos y me alegra que él me los haya dado.
>
> Luego agregó la postdata.

Usted es una buena conferencista. Me ha ayudado mucho. También me gusta su vestido. Espero que esta carta sea, en cierta medida, un cofre de plata para usted. Por favor, cuídese.

Y cualquiera que reciba en mi nombre a un niño como este, a mí me recibe. Y cualquiera que haga tropezar a alguno de estos pequeños que creen en mí, mejor les fuera que se le colgase al cuello una piedra de molino de asno, y que se le hundiese en lo profundo del mar.

(Mateo 18:5-6)

Cofres de regalo

El primero de enero de 1988 envié mi carta de Año Nuevo. Me había olvidado de escribir para Navidad así que lo hice al empezar el año sugiriendo que nos dijéramos palabras amables en cofres de plata en vez de hacernos regalos materiales.

No recuerdo muchos de los regalos recibidos cuando niña, pero sí me acuerdo de algunas palabras de aliento. Mi padre instiló en mí el amor por la lengua inglesa y me enseñó vocabulario. La tía Sally acotó: puedes aprender a tocar piano. Me enseñó y lo aprendí. Toqué la marcha nupcial en su boda con Charlie, el tapicero. La señorita Croston, mi maestra de inglés, me eligió para participar en el concurso de poesía. Ella me orientó y gané. Tía Jean me alentó para que solicitara una beca de estudio en la universidad. Ella me ayudó a completar la solicitud y me dieron la beca completa. Siguiendo su trayectoria, estudié para maestra. No recuerdo quién me haya regalado muñecas de papel, pero sí me acuerdo las palabras de aliento de la gente que me obsequió cofrecitos de plata con un lazo encima. Cuando doy conferencias, espero que mis palabras sean algo más que un pasatiempo o una exhortación. Deseo que sean de estímulo para otros para que lleguen a dar lo mejor de sí mismos. Es por eso que preparo a otros para ser oradores y líderes. Sí, tú puedes...tú tienes algo para decir... tú eres una persona de valor... Dios puede usarte para que animes a otros. Al comenzar el año 1988, pensemos en aquellas personas que podrían hacer uso de nuestros cofres de plata y démosles regalos verbales con lazos encima. Para ustedes, familiares y amigos "porque oigo del amor y fe que tienes hacia el Señor Jesús y para con todos los santos. Pues tenemos gran gozo y consolación en tu amor, porque por ti han sido confortados los corazones de los santos" (Filemón 5 y 7).

La respuesta a este mensaje fue mucho más allá de la experiencia que había tenido durante treinta y cinco años de enviar cartas anuales, dándome el empuje para continuar trabajando con el tema de los cofres de plata hasta terminar convirtiéndolo en un libro.

La primer respuesta fue de tía Jean, la difunta hermana de mi madre. Desde que era niña admiraba a tía Jean. Ella se había graduado de maestra en Tufts College con altas distinciones. Cuando llegó la época de la depresión, vivíamos en las tres pequeñas habitaciones que había en la trastienda del negocio de mi padre. Tía Jean se casó con un hombre de fortuna y se mudó a una casa de verdad, del tipo de las de mis sueños: gran jardín al frente donde se podía jugar croquet, amplios ventanales con persianas verdes y un parque con rosales por todos lados. Tío Ethan plantó frutillas, moras y frambuesas. Había manzanos, ciruelos, duraznos y cerezas; se podía alimentar a los vecinos con la producción de arvejas, porotos, maíz, tomates y zapallito italiano. Lo más significativo de los veranos en mi niñez era ir a visitar a mis tíos.

Cuando fui mayor, fue tía Jean quien me alentó para ir a la Universidad. Teníamos personalidades semejantes y el mismo sentido del humor; yo quería ser como ella. Ella era mi ejemplo, yo seguía sus huellas. La beca para entrar a la universidad de Massachusetts me acercó a su casa. Aunque yo no tenía automóvil, siempre encontraba buenos amigos dispuestos a llevarme a Westfield para disfrutar de las comidas caseras y tortas de cerezas de tía Jean. Tía Jean me ayudó a elegir mis clases y me animó para recibirme de maestra como ella. Ella fue mi segunda madre y más tarde la segunda abuela para mis hijos. Ella fue de inspiración para todos nosotros para alcanzar nuestras metas. Frecuentemente decía: ¡por supuesto que puedes lograrlo!

Al morir mi madre pasó a ser la mayor de la familia. Mis hermanos y yo nos mantuvimos en contacto con ella y nos ocupamos para que estuviera en los casamientos y funerales familiares. Su respuesta a mi "Regalos en cofres de plata" me conmovió. Primero escribió que "el correo del día anterior había sido una bendición". Había recibido algo de cada uno de nosotros y estaba muy agradecida.

Algunas veces pienso qué haría sin la rama familiar de Katie. Con respecto al mensaje de Año Nuevo que me enviaste ayer, los tres niños (tú, Jim y Ron) son los cofres de plata con un lazo encima que su madre me ha dejado. Los quiero y estoy muy orgullosa con el aporte que han podido hacer. Muchas veces he enfatizado mi devoción para que todos nosotros pudiéramos esforzarnos en hacer de este mundo un lugar mejor para pasar por él. Parece que los Chapman, ciertamente, lo están haciendo.

A mis ojos afloraron lágrimas de gratitud al ver que para tía Jean yo era un cofre de plata con un lazo encima.

A veces pensamos que los cumplidos tienen que ser grandes frases cargadas de alabanza y nos damos cuenta que las simples palabras *te agradezco* pueden bendecir a otros. Nuestro buena amiga Jan Frank, autora de *Door of Hope* (Puertas de esperanza) me comentó que ella siempre había tomado las atenciones de su marido como algo natural, pero una noche, cuando él encendió el fuego para ella le dijo gracias, simplemente. Al día siguiente Don la abrazó y le dijo: "Anoche me diste un cofre de plata al agradecerme por encender el fuego". Luego, Don enseñó la lección del cofre de plata en su clase de secundaria. La clase se compone de muchachos con problemas disciplinarios y muchos de ellos provienen de hogares desajustados. Les gustó la idea de recibir reconocimiento y al poco tiempo estaban dándose cofres de plata los unos a los otros. Nunca sabremos los beneficios recibidos por estos jóvenes debido a las desacostumbradas palabras de reafirmación de su maestro y sus compañeros. Es probable que alguno de ellos en el futuro diga mirando hacia atrás: "Fue ese maestro del cofre de plata quien cambió el curso de mi vida".

Cuando Bev Lane tenía dieciocho años y buscaba orientación en la universidad, una consejera llamada Adela le informó de una escuela al aire libre a la que concurrían chicos de sexto grado para su educación. Bev exclamó entusiasmada al pensar que podría ayudar allí: quizás pudiera ir para lavar los platos. La consejera la miró fijo. "Sí, podrías hacerlo pero creo que serías una buena consejera para esos chicos". Bev se quedó pasmada al ver que Adela le tenía tanta confianza ya que ella no estaba segura de sí misma y tenía un poco de temor de asumir una responsabilidad de liderazgo. Se dijo a sí misma: "Si Adela cree en mí, puede que sea verdad".

Ese estímulo fue hace veinticinco años atrás e hizo que Bev pasara un año y medio en consejería en esa escuela antes de regresar a la universidad para recibirse de maestra. Ella descubrió que Dios le había dado el don de trabajar con niños, y continúa haciéndolo. Sus propias palabras son: "Recién el año pasado regresé a ese mismo centro educacional con mis alumnos de sexto grado. Volví, no como lavaplatos o consejera, sino como una educadora profesional. Pasé un tiempo hermoso, fue un regalo, un cofre de plata con un gran lazo. Alguien (Adela) muchos años atrás, creyó en mí cuando yo misma no creía. Eso cambió mi vida".

Muy pocos estamos conscientes de la diferencia que puede hacer una palabra nuestra en la vida de otro. Nancy Peavey es una diminuta y adorable niña de Baton Rouge. Cuando estaba casada en primeras nupcias dijo: "Yo era muy delgada e insegura. Nadie me ayudó jamás a ver valores en mí".

La madre de Nancy, viendo su depresión le dio un ejemplar de *I'm Out to Change My World* de Ann Kiemel. Nancy se quedó despierta toda la noche para leerlo sintiendo que la fe de Ann era muy distinta a la suya y que parecía estar gozosa en medio de circunstancias adversas. Nancy se entusiasmó al enterarse que Ann venía a Baton Rouge para dar una charla en su iglesia. Nancy hizo un dibujo al carbón y preguntó si podía traérselo a Ann. Según comentó Nancy:

> Ann se emocionó hasta las lágrimas. Me quedé un ratito y me retiré. Ann me acompañó hasta mi auto, me rodeó con sus brazos y me dijo 'te quiero, Nancy'. Yo no podía creerlo. Que ella me quisiera a mí, a la flaca insegura. Era como si Jesús lo hubiera dicho porque sonó incondicional. Volví a casa esa noche de diciembre y caí sobre mis rodillas entregándole mi vida a El ciento por ciento. El podría agregar o quitar cualquier cosa en mi vida. Yo era suya.
>
> Le escribí a Ann agradeciéndole por lo que me había mostrado y diciéndole que ya no tendría que escribirme. Yo podría ser *amor* allí mismo, en Baton Roug, Lousiana. Resumiendo, yo pasaría a otros lo que ella me había mostrado, el amor de Cristo. Bien, ella me contestó. Ya hace catorce años que nos carteamos. Inclusive fui a su boda en Boston y seguimos enviándonos cofrecitos plateados por correo.

Nancy vive ahora en California y es una de las mejores amigas de mi hija Marita. Sin saber nada de su experiencia con Ann, la abracé y la alenté cuando asistió a CLASS (Seminario para Líderes y Conferencistas Cristianas) donde intenté mostrarle su potencial. El año pasado estuvo enseñando "Incremente su Personalidad" en su iglesia. La primera vez que nos encontramos, ella creía que tenía una personalidad melancólica, pero haciendo una evaluación más minuciosa descubrió que era una sanguínea depresiva, una persona a la cual las circunstancias la deprimen. Al descubrir su verdadera identidad, se convirtió en una persona alegre, enseñándole a otros cómo comprenderse a sí mismos.

Estoy segura que cuando Ann le dijo a Nancy "te quiero" no tenía idea que sus palabras llevarían a Nancy a caer de rodillas y entregar su vida al Señor. Tampoco yo sabía que al abrazar a Nancy y decirle que ella podía dar charlas, mi comentario la motivara. Cuando me escribió diciendo: "mientras viva estaré asombrada de ver cómo Dios las puso a ustedes en mi vida. Estaba en su plan que Marita y yo nos hiciéramos amigas. Verdaderamente me siento como de la familia con Marita y contigo. Siento como que nos conociéramos desde siempre. A través de ustedes Dios me ha mostrado tan inmenso amor, que me sobrepasa".

Muy a menudo pensamos que para alentar a otros tenemos que decir palabras elocuentes o sabias cuando, de hecho, unas sencillas frases y un brazo alrededor del hombro, frecuentemente proveen mucho más en una situación triste. Ceci Anthis, después de escucharme hablar de Regalos en cofres de plata me escribió contándome las palabras y hechos de aliento de su hijo:

> En los últimos cuatro años pasé por varias situaciones de "rechazo" después de quedar incapacitada. Al mismo tiempo, mi hija Raquel estaba teniendo serios problemas de salud y nuestra familia entró en un período de verdadero "desierto". Había gran necesidad de sentirse amada, apreciada y necesitada.
>
> Un día, mi hijo se me acercó, me miró a los ojos y dijo simplemente *Mom ¿no es tiempo de un abrazo?*
>
> Eso transformó inmediatamente mi desesperada soledad y me sentí querida y protegida. ¡Alguien se había dado cuenta de mi necesidad! Este sencillo pero efectivo cofrecito de plata con un lazo encima ha seguido siendo

nuestra manera especial de demostrarnos que estamos pendientes unos de otros de nuestras necesidades emocionales y que *podemos contar los unos con los otros.* Ahora Joel tiene catorce años y nuestra relación se profundiza cada vez que nos franqueamos el uno con el otro. Ya ves, cuando nos obsequiamos esos Cofres de plata "los abrimos" y al hacerlo aprendemos a comprender las necesidades y debilidades emocionales del otro. No creo que hayamos podido entablar esta relación abierta y honesta que tenemos ahora sin esos regalos especiales que nos hicimos el uno al otro.

Después que el marido de Brenda Hollis la dejó, ella se sintió destruida. Se le partía el corazón al pensar que nunca más su familia estaría unida. Hizo lo mejor que pudo para continuar con las actividades familiares: fiestas, cumpleaños, tiempo compartido. Ella reclamó el versículo de Gálatas 6:9: "No nos cansemos, pues, de hacer bien, porque a su tiempo segaremos si no desmayamos". Una a una, sus hijas fueron agradeciéndole por haber trabajado para hacer del hogar un lugar placentero, para vivir a pesar de estar sufriendo. Brenda alentó a otros diciendo: "Si hacemos lo correcto, Dios se encarga del futuro. Mis hijas han sido los Cofres de plata de Dios".

Vicki vino al retiro de mujeres del sur de California. Luego me escribió una carta acerca del impacto que el mensaje de Regalos en cofres de plata había hecho en su vida:

Estando sentada escuchándola ese domingo a la mañana en el Marriott, el Señor me tocó con sus palabras dándome un regalo; el de comprender, o mejor, *experimentar* por primera vez en mi vida lo que significa verdaderamente alentar a otros. Por medio de sus ejemplos pude entender el poder que mis palabras tienen sobre los demás, tanto sea para sanar o herir.

Comencé a darme cuenta que cada vez que abro la boca, tengo que tomar una decisión para levantar, alentar y dar esperanza o para socavar, desalentar y juzgar (no importa cuán delicadamente).

Como se imaginará, durante los últimos meses he tenido muchísimas oportunidades para ejercitar esa elección diaria, ya sea particularmente con mi esposo, hijas y amigos o profesionalmente. No pasa una semana sin que piense en esos "cofrecitos de plata con un lazo encima" cuando estoy por hacer un comentario o por remarcar algo irreflexivamente.

Su charla también me ha inspirado para agradecer a aquellos que me han alentado especialmente. Cada tanto envío un cofre de plata en agradecimiento a quienes me han animado. Me imagino que el Señor quiere que aquellos que animan a otros sean alentados para que puedan seguir alentando a los demás. ¡Qué mejor manera de hacerlo que agradeciéndoles por estimularme a mí! ¡Uy! ¡Qué manera de hablar!

De todos modos, agradezco a mi Señor por usarla de forma tan poderosa y la acompañaré con mis oraciones a usted y a todas aquellas vidas transformadas por sus palabras.

Al pensar en decir palabras agradables, cofres de plata, en vez de regalos costosos, concordamos con Ralph Waldo Emerson cuando dijo: "Los anillos y las joyas no son regalos sino substitutos. El único regalo es una parte de uno mismo". De alguna manera, en nuestra sociedad materialista hemos llegado a equiparar el obsequiar con dinero y posesiones que podemos tener en nuestra manos. Pero cuando nos detenemos a reflexionar encontramos que el mejor regalo ha venido de alguien que creyó en nosotros, de una persona que se tomó el tiempo y, tal vez, corrió el riesgo de darse a sí misma para ayudar a otra que lo necesitaba.

Uno de los libros preferidos de mi esposo es uno pequeño publicado en 1947 *Try Giving Yourself Away*[1] (Regálese a sí mismo) de David Dunn.

El autor ha establecido un pasatiempo tan interesante y remunerativo que ha tenido que escribir un libro acerca del arte de darse a uno mismo para alentar o estimular a otra persona quien generalmente, es una extraña. Dunn ha encontrado una gran satisfacción y realización personal encontrando maneras de darse a los demás. Para lograr esto debemos estar alertas al entorno y las personas alrededor nuestro y ser diligentes para ayudarlas con palabras o con hechos. Dunn dijo: "La oprtunidad de recaudar dividendos de la felicidad es pasajera. Tienes que actuar rápido o te elude. Pero eso le agrega placer".[2]

Las páginas de su libro están colmadas de ejemplos personales dándose a sí mismo y las sorprendentes respuestas que ha recibido cuando se convirtió él mismo en un Cofre de plata con un lazo encima. Ha convertido su manera de darse a sí mismo desinteresadamente en un pasatiempo que yo recomiendo que todos practiquemos.

Diariamente, Fred y yo tratamos de iluminar la vida del tedioso empleado sentado detrás de su escritorio, de la estresada azafata, de la laboriosa camarera, del agotado pastor, de la esposa abandonada, de la solitaria señorita en la fila. Es más fácil evitarlos y mirar para otro lado, pero qué gozo es cuando ves resplandecer una sonrisa en una vida apagada.

Darse a sí mismo es lo opuesto a ver qué es lo que podemos tomar de la vida, pero es mucho más remunerativo y es posible que también Dios lo use para cambiarle la vida a alguien.

Continuando con la lectura de este libro, demostraremos los resultados de dos cosas: estimular y abstenerse de desanimar y lo retamos a ser un dador de cofres. ¿Qué tal si lo adoptamos como pasatiempo como lo sugiere David Dunn?:

Es un pasatiempo fascinante. Como si se coleccionara alguna cosa, uno siempre está buscando nuevas experiencias de darse para agregar a la colección. A diferencia de otras colecciones, no dispones de una vitrina o expositor para guardar los tesoros ni tienes que desviarte de tu camino para seguir agregando piezas a tu colección. Sólo tienes que mirar a tu alrededor en el lugar en que te encuentres para descubrir una oportunidad para darte a ti mismo. Recomiendo el darse como un excitante y satisfactorio pasatiempo. De hecho, si lo intentas, te garantizo una vida feliz ¡comenzando desde este mismo momento![3]

La palabra a su tiempo ¡cuán buena es!

(Proverbios 15:23)

Cofres secretos

*H*ablando humanamente, mi tipo de personalidad es de las que le gusta recibir crédito por hacer buenas obras. Siempre he sido quien se ocupó de las personas que necesitaban ayuda y nunca dudé en lanzarme a suministrar los primeros auxilios emocionales. Siempre supuse que era natural desear los aplausos por tan esmerada dedicación, y casi siempre los conseguí. Cuando comencé a estudiar la Biblia seriamente y a aplicar la Palabra a mi vida cotidiana, me detuve en el versículo de Mateo 6:3 de la versión Dios llega al hombre: "Cuando tú des algo a los necesitados, hazlo de tal modo que no lo sepa ni tu mejor amigo".

Ese mandamiento me parecía imposible de ponerlo en práctica en ese momento. Yo era una gran dadora de cofres de plata, pero deseaba que la gente abriera mis resplandecientes regalos delante de todo el mundo en medio de una fiesta y me elogiaran.

El siguiente versículo dice: "Hazlo más bien en secreto. Y tu Padre que ve lo que haces en secreto, te dará tu premio"(Mateo 6:4).

Este principio espiritual era tan extraño a mi naturaleza en ese entonces que tenía que orar hasta por la posibilidad de dar algo en secreto. Hacer de mi filantropía un asunto secreto y correr el riesgo que Dios pudiera, misteriosamente, recompensarme en el futuro era algo que para mí estaba completamente fuera de lógica. Dios me dio convicción, por lo tanto, hice lo que siempre hago: comencé a enseñárselo a otros, pero diciéndoles que lo estaba aprendiendo y aplicando en mi propia vida.

Comencé enseñándoles a mis hijos a dar sin esperar recibir crédito por eso y mostrarles que lo que hacemos en secreto Dios lo recompensará públicamente. No es fácil dejar un hábito de vida; varias veces me encontré diciéndoles a mis hijos: "¿Vieron lo que mami hizo hoy?... ¿Se dieron cuenta que recogí todas las cosas que dejaron tiradas?... ¿No estuve bien al dejar que sus amigos se quedaran a pasar la noche en casa?... ¡Miren toda la ropa que les lavé!

> Nunca me había percatado lo arraigado que está un hábito hasta que comencé a romperlo. Si yo hago algo y tú me elogias, lo seguiré haciendo. Después de un largo período de visibles esfuerzos de mi parte, los chicos se pusieron de acuerdo y cuando yo pidiera aprobación ellos me la darían: "Noble Madre que haces grandes obras"; yo sonreiría orgullosa y luego ellos añadirían: "Es vergonzoso que busques crédito aquí y no lo recibirás en el cielo". Al tomarlo con sentido del humor, todos aprendimos de manera práctica que debemos dar sin esperar crédito por ello. Debemos dar cofres de plata generosamente sin quedarnos a esperar para ver cómo la gente desenvuelve las bendiciones.

Una noche diserté sobre Mateo 6:3-4 en un retiro de mujeres en el Concord Hilton de California. Más tarde el botones vino a mi habitación trayendo un regalo. Sobre una bandeja adornada profusamente con flores, había un plato con queso y galletitas, una revista femenina y una tarjeta que decía:

> Aunque nunca nos conocimos, usted ha cambiado mi vida con sus hermosos discursos grabados. No podía esperar para conocerla personalmente. Siguiendo su consejo, que un "buen dador" no se lo cuenta ni a su mejor amigo, no lo hice, pero me pregunto cómo se siente verdaderamente al no saber quién es su admiradora anónima. ¿Lo puede resistir?

Difícilmente podía. Al día siguiente le agradecí a la misteriosa dadora desde la plataforma y la aplaudimos públicamente por poner en práctica Mateo 6:3-4. Expliqué que aunque la estábamos elogiando públicamente, ella continuaba conservando su recompensa en el cielo, porque no estaba publicando su nombre; después de todo, yo no lo sabía.

Desde que comencé a hablar de los Cofres de plata, mucha gente se acercó a mí para contarme de aquellos que los habían ayudado en momentos de necesidad sin esperar recibir crédito por ello.

Doris Gibbos me contó acerca de una experiencia trágica en su vida. En diciembre de 1962, embarazada de siete meses y con cuatro niños pequeños, su esposo murió en un accidente automovilístico. La familia y los amigos la consolaron y acompañaron en los primeros momentos, pero después del funeral la gente retomó sus obligaciones y Doris debió seguir con su dolor a cuestas lo mejor que pudo. Hubo un rebrote de interés cuando nació el bebé, pero en general, nadie mencionaba su pérdida. Doris recuerda muy bien a la única persona que constantemente se preocupaba por ella, la última recepcionista que había tenido su marido. Ahí se encontraba una mujer que no tenía ninguna obligación de consolar a la viuda, pero que se ocupó de llamarla a diario durante más de tres meses. No hablaba mucho; verificaba que Doris estuviese bien y le hacía saber que pensaba en ella. Doris dijo de esta dadora silenciosa: "Ella fue una bendición tan grande para mí alentándome cuando creía que mi vida se había acabado".

Habiendo perdido dos hijos, sé cuán desamparada y sola una se siente en esos momentos de sufrimiento. No es que nuestros amigos no nos quieran más sino que se sienten incómodos en presencia nuestra porque no saben qué decir. Nuestra hija Lauren, quien vivía con nosotros en esa época dolorosa y quien luego sufriera la pérdida de su propio bebé, ha escrito un libro muy conmovedor que ayudará a quien lo lea: *What You Can Say When You Don't Know What to Say* (Lo que puedes decir cuando usted no sabe qué decir).

Aprendiendo a dominar las situaciones difíciles, podemos ser más útiles al Señor reconfortando compasivamente a nuestros semejantes.

En el alocado mundo de hoy, lleno de gente sufriente, hay muy pocas personas capaces o dispuestas a escuchar los problemas de otras y alentarlas en momentos de necesidad. En nuestro nuevo libro *Freeing Your mind from Memories That Bind* Fred y yo sugerimos, como parte del proceso de restauración de las heridas que arrastran los adultos que han sido objeto de abusos en la infancia, que esas personas den, por lo menos, un Cofre de plata diariamente y estén dispuestos a ponerle la mano en el hombro a alguien diciéndole: me importa.

Isaías 40:1-2 nos dice: "Consolaos, consolaos, pueblo mío, dice vuestro Dios. Hablad dulcemente al corazón de Jerusalén".

Consolar y hablar dulcemente no son cosas fáciles de llevar a cabo, y eso da cierto crédito visible a la comunidad cristiana, pero hay una necesidad imperiosa hoy día de gente que se preocupe en dejar aquí y allá cofres de plata sin esperar nada a cambio. Aunque tú mismo estés sufriendo, el dar una palabra de estímulo a otro te levantará el ánimo.

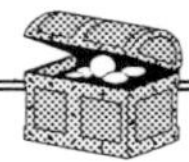

Wanda Smith tuvo una linda experiencia con una dadora secreta de noventa y dos años que era quien compartía la habitación con su madre en el asilo de ancianos. Sara, la madre de Wanda, era víctima de la enfermedad de Alzheimer a los cincuenta y dos años. Durante cinco años Wanda se ocupó de ella. Oró diariamente pidiendo ayuda, consuelo y compañerismo, pero parecía que a nadie le interesaba.

Un día, Wanda entró al cuarto donde había estado su madre durante un año y la frágil anciana de noventa y dos años que compartía la habitación se había ido.

—"Pensé que se había muerto"—escribió Wanda—. Me había gustado porque siempre que yo llegaba ella se despertaba y conversaba. Ya fuese a medianoche, a la hora del desayuno o a media tarde, ella, sonriente, me preguntaba cómo estaba.

Ese día Wanda llevó a su madre a dar una caminata por el pasillo y vio a la ancianita sentada en un rincón llorando. Wanda se detuvo para preguntarle qué le pasaba. Ella gritó: "Me sacaron de la habitación de tu madre. Si no puedo estar con Sara, mejor será que me muera".

Wanda no podía imaginarse por qué le importaba tanto si Sara no podía hablar, ni caminar, ni moverse, ni siquiera responderle a nadie. ¿Por qué esta anciana deseaba estar con esta persona que no se comunicaba cuando podía compartir el cuarto con alguien con quien pudiera conversar?

—"¿Por qué quiere compartir el cuarto con Sara?", le preguntó Wanda.

La respuesta dada por la anciana fue un cofre de plata. —"Dios me necesita para asegurarse que las enfermeras se ocupen de Sara".

Esta era una santa mujer que se había tomado la responsabilidad de cuidar de Sara, llamar a las enfermeras cuando fuese necesario, ser el ángel guardián de alguien que ni siquiera podía agradecérselo. Wanda dijo refiriéndose a ella: "Ella guardó cofres de plata trescientos sesenta y cinco ese año y me los dio todos juntos de una vez. Dios había contestado mi oración".

Y yo estoy segura que Dios recompensará a aquella ancianita en el cielo con sus mismos cofres de plata.

Una señora escribió diciendo que ella había comenzado un ministerio de cofres de plata con los adolescentes de su iglesia. Se había dado cuenta de la cantidad de jóvenes sufrientes que no hablarían con ningún adulto, pero que necesitaban consejo.

Ella dice:

> Trabajando junto al pastor de los secundarios, pongo en práctica un pequeño ministerio de cofres de plata con los jóvenes heridos, los que no tienen amigos, los que no se dan cuenta que Dios los ama... ¡soy el ángel secreto! Mi identidad es un verdadero secreto. He escrito cientos de cartas a varios adolescentes que están siendo dejados de lado. He recibido muchas respuestas de ellos (dirigidas al Angel Secreto y dejadas en manos del pastor de la juventud) y he sentido que Dios ha bendecido este trabajo. Les digo que son amados, les doy alguna Escritura bíblica relacionada con su problema y luego oro por ellos recordándoles que Dios tiene planes maravillosos para sus vidas y que nunca los dejará. Termino asegurándoles que son especiales y que los quiero. El poder dar palabras como regalos en cofres de plata con un lazo encima es un gran gozo para mí.

¡Qué bendición está recibiendo esta juventud debido a que un ángel secreto está dispuesto a dedicar tiempo creativamente ministrando a aquellos que se encuentran en dificultades sin posibilidad de recibir elogios ni crédito por ello!

Mucha gente va a seminarios y comparte su tiempo en la desconocida intimidad de un grupo pequeño de nuevas amistades a quienes probablemente nunca volverá a ver. Al finalizar, algunos se intercambian direcciones con la promesa de seguir en contacto pero pocos lo hacen. Jeffie fue diferente. Jeffie era una viuda de setenta años, esposa de pastor y maestra de Biblia que no necesitaba para nada venir a CLASS. Ella sabía cómo comunicarse efectivamente, y muchas personas con sus credenciales hubieran dejado a los demás en sus grupitos sabiendo que estaban allí para confraternizar.

Pero Jeffie era muy diferente. No dijo nada de sus años de experiencia espiritual, aprobó silenciosamente los comentarios del líder y protegió a aquellos que estaban aterrados tan solo de ponerse en pie para dar sus nombres.

Durante los tres días de CLASS ella se familiarizó con cada miembro del grupito y tomó sus direcciones. Cuando cada uno se paraba para compartir su mini mensaje con los demás integrantes, ella tomaba nota de sus historias familiares, intereses personales y actitud física positiva. Lo sorprendente era que Jeffie hacía su tarea de manera tan silenciosa que nadie se daba cuenta. Ella abrazaba y daba un cumplido alentando a sus nuevos amigos sin darle importancia a sus propios talentos personales. Al finalizar las tres pequeñas sesiones en grupo, Jeffie era la persona más querida.

Unas semanas después de haber vuelto a Tejas de nuestra CLASS en California, le escribió una carta a cada persona diciéndole a cada uno lo que ella había notado acerca de ellos en la primera reunión, qué aspecto más notable había desarrollado y lo que ella más quería de su aspecto y personalidad. Si habían dicho alguna preocupación o compartido un problema, ella les preguntaba acerca del asunto y les aseguraba que estaba orando por sus necesidades.

Aunque sus cartas no eran inusuales, las respuestas sí lo fueron. Los miembros del grupo que le contestaron dijeron que no podían creer que Jeffie recordara sus historias o que le interesaran lo suficiente como para escribirles.

Algunos comentaron que nunca pensaron siquiera en hacer lo que ella hizo. Más emocionantes aún fueron las cartas de aquellos que dijeron que nunca habían recibido una palabra de aliento escrita con amor y preocupación, sin obligación, o correspondencia de cualquier tipo que fuera estimulante y sin pedir nada.

¡Qué triste comentario en nuestro estilo de vida actual!, que un cofre de plata dado sin esperar recibir algo a cambio es tan fuera de lo común que quien lo recibe queda sacudido por el impacto y dudando.

A veces, el solo hecho de decirle "hola" a alguien puede ser un cofre de plata aunque no le hagamos un cumplido de reconocimiento. Algunas personas están tan solas que un poquito de atención puede ser de estímulo. Una noche, el plantel de CLASS salimos a comer afuera y nos sentamos en una mesa larga. Vi a una mujer sola sentada en un compartimiento. Sentí el deseo de hablarle por lo que me acerqué y me presenté. Me pidió que me sentara y así lo hice. Me dijo que era maestra de contabilidad en la escuela secundaria local. Le comenté que CLASS era un seminario para líderes cristianos y conferencistas y ella se mostró interesada al escuchar lo que hacíamos. Le pregunté con qué frecuencia concurría al restaurante y me dijo que casi todas las noches.

No me pude imaginar a mí misma comiendo sola todas las noches en el mismo reservado durante años. Cuando me levanté para retirarme, me agradeció por haberme acercado y dijo: "Como aquí sola cada noche y usted ha sido la primer persona que se ha acercado para hablar conmigo, con excepción de la camarera".

Obsequiar un cofre de plata es tan sencillo como un simple hola o un saludo con la cabeza. Mi esposo Fred podría ganar un premio por las veces que durante el día saluda a los desconocidos en los ascensores, le abre las puertas a las mujeres cargadas con paquetes, recoge del suelo lo que otros tiran y les levanta el ánimo a las camareras desganadas. Silba alegremente en los bancos y negocios y con frecuencia le preguntan por qué está tan contento. El hecho que le hagan esta pregunta demuestra cuán poca gente anda por ahí regalando pensamientos positivos o sonrisas por doquier. Fred tiene lo que llamamos un "ministerio de mostrador de cosméticos". A él le gustan las colonias y posee una colección de esas miniaturas que regalan como promoción. Su ministerio comienza cuando una vendedora le pregunta por qué está tan feliz, elogiándolo al compararlo con la gente malhumorada con la que debe lidiar en su trabajo en los días en que le toca obsequiar fragancias.

En pocos minutos él le da testimonio de su fe en el Señor, escuchando a su vez la aflicción de ella y mostrándole compasión debido a sus circunstancias, dándole respuestas y muchas veces orando con ella allí mismo, en el mostrador de ventas. Fred descubrió que él es capaz de practicar su pasatiempo dando cofres de plata al mismo tiempo. Muchas veces, cuando vuelvo al mostrador de cosméticos encuentro a Fred en el mismo lugar en el que lo dejé. Si él exclama: "Esta es tu nueva hermana", sé que él la ha llevado al Señor. Otras veces, me cuenta después que hacía diez años que la vendedora era cristiana, pero que necesitaba reafirmar su fe. Siempre me hace un comentario que me da la pauta de lo que él ha podido hacer en el corazón de una empleada en treinta minutos. Generalmente va hasta el auto y toma uno de mis libros para empezar en la dirección correcta. Mientras ella le ofrece muestras gratis de dulces fragancias, él le da cofres de plata, palabras de estímulo que pueden cambiar el curso de su vida.

Y cualquiera que le dé siquiera un vaso de agua fría a uno de estos pequeños porque me sigue a mí, ciertamente tendrá su premio. (Mateo 10:42 Dios llega al hombre).

Lo opuesto de dar cofres de plata en secreto es hacer cumplidos cuando uno está seguro de recibir crédito o cuando quien recibe el elogio es alguien importante o merecedor de recibir el halago.

Con frecuencia, cuando Fred y yo llegamos al hotel o a la iglesia nos mezclamos con la gente antes que sepan quiénes somos. Es asombroso ver como la gente nos da un vistazo de reconocimiento como diciendo "¿tú quien eres?" y luego miran hacia otro lado sin siquiera decir "hola".

Una noche llegamos a una gran convención cristiana en un acogedor hotel. Estábamos parados en el pasillo cuando se abrieron las puertas de un salón por donde salió un grupo de un taller de trabajo. Fred y yo sonreímos y saludamos con la cabeza a la gente que pasaba a nuestro lado, pero ninguno de ellos nos dirigió la palabra. Cuando todos habían salido, leímos el rótulo en la puerta y vimos que esta gente acababa de ser entrenada en "técnicas de evangelismo personal". Me pregunto si la evangelización estaría limitada a la jungla africana o a un progama de extensión de una semana de duración en una comunidad cerrada, pero, obviamente, no les habían enseñado a sonreírle a los desconocidos en los vestíbulos de hotel.

Generalmente, antes de mis disertaciones aparece un hombre del fondo de la sala trayendo un manojo de micrófonos y las baterías correspondientes. Si no tengo algún bolsillo o cinturón, tengo que sujetar el clip de la batería a la cintura de mis medias, siendo necesario esconderme en un rincón o retirarme al baño. Mientras le explico esto al hombre de los micrófonos tenemos oportunidad de conocernos. Después del programa, trato de ubicarlo para agradecerle su cooperación y amabilidad. La asombrosa triste respuesta casi siempre es: "Usted es la primer conferencista que me agradece. Lo único que recibo siempre son quejas. Yo tengo la culpa si los micrófonos no andan, pero nunca me dan crédito cuando funcionan correctamente".

Un experto en audio me dijo en una ocasión: "Cuanto más conocido es el cantante o disertante, peor nos tratan. Para ellos no significamos nada".

¿No es extraño que quienes presentamos el evangelio ya sea por medio de la música o la palabra no nos dignemos a dedicarles tiempo a aquellos que colaboran con nosotros? ¡Requiere tan poco tiempo ofrecer un cofrecito de plata a un silencioso servidor del Señor!

Otra cosa que hemos aprendido es que la gente en las convenciones le dirige la palabra solamente a aquellos que llevan puesta la tarjeta de identificación como pertenecientes al grupo. No quieren desperdiciar palabras con los que están fuera. Si no tienen la identificación no hay confraternidad.

Una mañana, Fred y yo nos sentamos a una gran mesa redonda en un desayuno cristiano en una convención. Ambos saludamos a la gente con amable sonrisa. Nos presentamos, pero todo el mundo estaba muy atento a lo que estaba diciendo una mujer en el lado opuesto de la mesa y nadie nos dirigió la palabra. Cuando Fred se levantó para servir el café, le agradecieron mecánicamente, como si hubiese sido el mozo. Cuando me llegó el momento de disertar, me levanté para dirigirme a la plataforma. Una mujer sentada a nuestra mesa exclamó "¡Cómo no nos dijo que era alguien importante!" Y dirigiéndose a quienes compartían la mesa les dijo: ¡Miren eso! ¡Teníamos a la conferencista en nuestra mesa y no lo sabíamos!

Me alegró ser la oradora, porque de haber sido una descreída periodista, no hubiera tenido mucho que decir acerca de la cálida y cortés hospitalidad del espíritu cristiano.

Una noche, cuando tenía que hablar en un banquete, me encaminaba hacia la mesa de inscripción cuando una mujer me detuvo para darme la tarjeta de identificación con mi nombre. "No necesito identificación" dije sonriente. Con un gran sentido del deber, me contestó duramente: "No le pregunté si quería la tarjeta de identificación, le indiqué que se la colocara".

Me sorprendí un poco por el tono de su voz mientras observaba la gran calabaza color naranja que intentaba imponerme. Le dije: "No me combina el color con el rosa de mi vestido. Poniéndose las manos en las caderas exclamó: "No hemos diseñado las tarjetas para que hagan juego con la ropa".

Pude darme cuenta que estaba enfrascada en una batalla perdida. Por lo tanto, tomé la etiqueta y seguí mi camino hacia la mesa principal. La mujer continuó con su abnegada tarea de pinchar zapallos en las solapas de los invitados, sin prestar atención a mi persona hasta que el maestro de ceremonia pidió silencio y presentó a las personas que estábamos en la mesa principal.

Cuando me presentaron como la conferencista, pude ver la reacción de la dama de las etiquetas. Abrió la boca y casi se le cae el manojo de tarjetas con forma de zapallo que tenía en la mano.

Cuando estábamos cenando, la señora se abrió camino por detrás de la mesa hasta llegar a mí. Me aseguró que si no lo deseaba no tenía necesidad de usar la identificación en mi vestido rosado. "Si hubiera sabido que usted era la oradora, no le hubiese hablado de esa manera". Le dije que no estaba molesta. Una vez más, me alegré que ese incidente me hubiera pasado a mí y no a alguien que concurriera solo por primera vez en busca de amor.

De hecho, encontré a alguien así en el baño cuando fui a refrescarme antes de la conferencia. Ella había ido al bar para solteros del hotel. Era una joven viuda que se encontraba sola y desesperada en su dolor, tratando de encontrar consuelo. La invité a escuchar mi testimonio y aceptó. La conduje pasando por la mesa de inscripción al lado de la mujer de las identificaciones, quien sonrió débilmente sin intentar colocarle el zapallo a mi acompañante.

La joven viuda lloró cuando conté acerca de la muerte de mis dos hijos, y oró conmigo al final pidiéndole al Señor Jesús que entrara en su corazón y llenara su vacío. Finalmente me agradeció por haberla rescatado de ir al bar y cambiado el rumbo de la noche y de su vida. La presenté a una integrante de la comisión que vivía en su área y se hicieron amigas enseguida.

Al entrar a un banquete, saludé a todas las personas que estaban en la línea de recepción. Cuando llegué al final me encontré con una mujer silenciosa quien, evidentemente, estaba sola. Intercambié con ella unas pocas palabras hasta que la presidenta de la conferencia me condujo a la mesa principal. Se le indicó a la gente que se ubicara y noté que la mujer que estaba sola se sentó frente a mí. Cada vez que desviaba la vista de la plataforma donde estaba colocada la mesa principal, veía que nadie le dirigía la palabra. De hecho, le daban la espalda y seguían con la conversación en torno suyo. Le pregunté a la presidenta si conocía a esa mujer y me contestó que no era del grupo de su iglesia.

A los postres, me disculpé con quienes compartían mi mesa y bajé hasta donde se encontraba esta mujer. La silla frente a ella estaba vacía y me senté. Me enteré que era la hija de un pastor de otra denominación que había arreglado venir con su madre pero a última hora no pudo llegar. Mientras conversábamos, las demás mujeres se dieron cuenta de mi presencia y se dieron vuelta muy emocionadas de que yo hubiera ido a su mesa. Les presenté a esta mujer sugiriéndoles que conversaran con ella para conocerla. Me explicaron que pertenecían a la misma iglesia y que querían pasarlo bien entre ellas, pero la incluyeron en el grupo los últimos minutos antes de mi disertación. Luego esta persona me agradeció por haber notado que se encontraba sola y haberle dirigido la palabra.

Muy poca gente, inclusive los muy buenos cristianos bíblicos, se preocupan por conocer a alguien que no conocen. Si la persona no lleva puesta la etiqueta con su nombre en la solapa, parecería que no encaja en el grupo o —que Dios no lo permita— si es un tanto excéntrica o atípica tendemos a darle la espalda y dejar que vuelva por donde vino.

Muchas veces, el dar un cofre de plata es tan sencillo como reconocer la presencia del otro con un saludo.

La ley de clemencia está en su lengua

(Proverbios 31:26)

Buzones

Algunas de las palabras de estímulo más significativas que he recibido en mi vida han sido notas enviadas por amigos, tarjetas de júbilo y aliento. Existe algo especial en la palabra escrita ya que puede leerse una y otra vez. Ana Garrity tenía mi horario de conferencias sobre su escritorio y le tomaba el tiempo a sus notas para que coincidiera con mi regreso a casa. Cuando llego tarde a casa después de un largo viaje puedo contar con una nota de aliento por parte de Ana. No es una carta larga contando sus problemas, no porque no los tenga; no es un resumen de los logros hechos por sus hijos; son unas pocas líneas de comprensión y un renovado compromiso de orar por mí. Esta semana, en la que estoy escribiendo, escondiéndome a mí misma, he recibido estas líneas de Ana:

> Oraré por ti todos los días de esta semana mientras estás escribiendo. Me gustan todos tus libros y sé todo lo que tienes que poner en ellos para que luego pueda salir de ellos el amor, la sanidad y la sabiduría de Dios. ¡Que Dios te bendiga y te guíe durante esta semana en que estás escribiendo y que todos tus sueños se hagan realidad!

Tengo la nota de Ana delante de mí mientras escribo. Es un cofre de plata con un lazo encima.

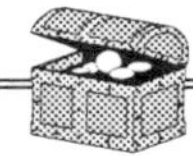

Anita Sepp me escribió diciendo lo mucho que apreciaba las atentas notas y regalos de su marido.

> Soy madre de dos niños en edad preescolar y mi esposo es miembro de la Fuerza Aérea. De más está decir que casi siempre mis días son largos y extenuantes. Periódicamente, mi marido me trae flores que compra de camino a casa (nada extravagante, solamente una o dos margaritas). Junto a las flores viene lo más precioso, una tarjeta. No son tarjetas caras sino las que dan gratis en la florería. Atesoro estas tarjetas desde la que dice "te agradezco", pasando por "estás haciendo un gran trabajo con los niños" hasta "eres una esposa preciosa". Algunas veces son tarjetas cómicas. Un día me dio una de restablecimiento. Me sorprendí porque ese día me sentía espléndida. La tarjeta decía: "Mejórate... prepárate para una grandiosa vida juntos". Tengo todas estas tarjetas guardadas en un cofre en mi cocina y cada vez que estoy abatida o desanimada, voy al cofre en busca de gozo y esperanza. ¡Eso vale más que *cualquier* otra cosa!

¡Qué bendición es tener un buen marido que sabe obsequiar cofres de plata! ¡Y qué bueno es que Anita pueda tener las tarjetas a mano para poder releerlas cuando se siente desanimada!

Muy pocos nos detenemos a pensar en el valor de la palabra escrita. Lleva tan poco tiempo poner unas cuantas palabras de estímulo por escrito.

Gilda Gearhart le escribió a su esposo un mensaje especial para de "el día de los enamorados" en vez de firmar una tarjeta ya impresa. El se conmovió por sus amorosas palabras creativas, y sonriendo comentó: "Esto es tan bueno que deberías escribir un libro".

Leslie Pilkington escribió acerca de una amiga que la alentó cuando estaba sola y cerrada ante los intentos de los demás por animarla. "Mi amiga Marlene continúa enviándome tarjetas y globos y llamándome por teléfono. Ella fue la primer amiga verdadera que he tenido desde los cinco años. Yo era muy difícil para entablar amistad, pero Marlene perseveró hasta poder llegar a mí. Finalmente, fui capaz de corresponderle y llegar a ser su amiga y brindarme a ella. Gracias a Marlene, ahora tengo libertad para alcanzar a otros. Ya no tengo miedo. Ella me alienta con la Escritura para avanzar en el conocimiento del Señor ¡y lo estoy logrando!

A veces, cuando intentamos llegar a alguien y no lo logramos sentimos que hemos cumplido con nuestra responsabilidad como cristianos, de modo que lo borramos de nuestra mente y seguimos adelante con nuestros proyectos. Si nos detenemos a meditar en ello, nos daremos cuenta que la gente más reacia a responder a nuestro estímulo es la más herida. Frecuentemente, las personas extremadamente deprimidas no abrirán la puerta ni contestarán el teléfono, pero sí leerán su correspondencia.

Emilie Barnes, quien está tan ocupada como yo viajando debido a su ministerio, nunca termina de sorprenderme por la cantidad de notas hechas de puño y letra que envía semanalmente.

Siempre lleva consigo papel y es capaz de escribir mientras espera la salida del avión. Tiene tarjetitas que usa y vende en su mesa de venta de libros que dicen: “Te quiero porque...” La persona que la completa solamente tiene que escribir una o dos oraciones personales y enviarla por correo. Emilie se las escribe a su marido Bob y se las pone en el cajón de las medias, en su mesa de trabajo o en la Biblia. Los comentarios que recibe de la gente que las usa son asombrosos. La gente le cuenta como se emocionó su compañera, su madre, su hijo o su amiga al tener una constancia de su cariño y como la gente lleva la tarjeta consigo para leerla una y otra vez.

Mary Jo recuerda un cofre de plata que recibió de Emilie Barnes. Emilie había sido la coordinadora del grupo en CLASS y Emilie es una experta en obsequiar cofres de plata. Ella tiene a su lado una canasta con los motivos de oración por los que ora diariamente. En esa canasta hay tarjetitas en las que puede escribir algo breve a aquellos por quienes ora. Un día, Mary Jo recibió una de esas tarjetas que decía simplemente: "Mary Jo, hoy he orado por ti". Mary Jo vino a decirme que todavía conserva ese "cofre de plata" de Emilie. Ella dijo: "Creo que Emilie no sabría vivir sin obsequiar estuches de plata de todas las medidas y tamaños. Cuando ella respira, exhala estuches de plata. Verdaderamente, ella es una gran inspiración".

Emilie tiene una manera exclusiva de hacer llegar los cofres de plata que no he visto en nadie más. Lo especial es que es completamente inesperado. Si uno va a cenar a su casa, no lo olvidará jamás. Puede que coma sopa de arvejas con trozos de jamón o puede que le sirva su receta de pavo preferida, pero de lo que puede uno estar seguro es que disfrutará de una rica comida en grata camaradería. Mientras estás ayunando para bajar las libras aumentadas en su fiesta, Emilie se toma unos minutos después de lavar los platos para escribirte una notita agradeciéndote por haber ido a su casa y haber comido su comida. No deja de asombrarme que mientras yo todavía estoy pensando *tengo que mandarle una nota de agradecimiento* ¡ya tengo una de ella en el buzón!

Dana Berry escribió esto en honor a su madre:

> La noche de la ceremonia de graduación de secundaria, mi madre me dio una carta. Era la primera que recibía de ella; una hermosa carta (no sabía que pudiese escribir tan bien). Me agradecía por no haberle ocasionado ningún

temor mientras era niña y por haber traído alegría a nuestro hogar. Seguía diciéndome que siempre me apoyaría en mi vida futura aunque no hiciera nada grandioso o extraordinario en la vida, que era suficiente con ser como era. Todavía conservo la carta que es mi cofre de plata. ¡Ella me ama de verdad!

Qué más necesitamos que la prueba escrita que "alguien verdaderamente me ama".

Cada vez que un hombre atraviesa dificultades financieras necesita palabras especiales de estímulo de su compañera. Muy a menudo nosotras las mujeres nos retraemos en esos momentos y sentimos que somos muy altruístas porque no hemos dicho lo que pensamos. La adversidad nos une en la necesidad mutua o termina por separar un matrimonio tambaleante. La mayoría de las parejas que aconsejamos se encuentran en esta última categoría, pero me alegré mucho cuando Janet Pohlhammer me mostró la siguiente carta que su esposo Chuck le había escrito el día de los enamorados en 1989. Estaba escrita con lapicera en papel lineado amarillo sin ningún adorno. Al preguntarle a Jan si podía usarlo como un ejemplo de cofre de plata en el libro me dijo que sí, siempre y cuando se lo devolviera ya que quería conservarlo para siempre.

Querida Janet:

Ninguna tarjeta impresa de las que están en venta puede expresar lo que siento por ti. Los últimos meses han sido muy difíciles para mí. Hubo momentos en que tuve deseos de abandonar todo pero nunca un momento tan difícil como cuando mi empleador decidió prescindir de mis servicios.

Sin tu ayuda no hubiese podido sobrellevar esa carga. Es como si la adversidad nos uniera cada vez más.

Gracias por tu renovado amor y constante optimismo. Realmente, los necesito. En esta situación, voy a hacer lo mejor que pueda y, con tu ayuda, podré resolver las cosas. Pero, a pesar de todo, todavía te tengo a ti y eso es lo único que realmente me importa.
Cada día te amo más.

Chuck

Nunca es demasiado tarde para mandar esa tarjeta de agradecimiento. Lois esperó más de cuarenta años para enterarse que su madre pensaba que era buena y que estaba orgullosa de ella. Dice: "Aún ahora, a mitad de la mediana edad y con tres hijos, sigo necesitando sentirme aprobada". Finalmente, después de una exitosa y esmerada fiesta de aniversario para celebrar los cincuenta años de casados de sus padres, llegó el cofre de plata.

Lois me dijo: "Un mes más tarde recibí la más increíble carta de mi madre diciéndome lo significativo que había sido para ellos mi dedicación en la planificación de la fiesta. También mencionó que mi amor por el Señor se ponía de manifiesto en la dulzura con que mis tres chicos los trataron. La leo semanalmente".

Nunca es demasiado tarde para enviar o para recibir un cofre de plata.

Una palabra de estímulo puede alegrar un día y darle sentido y valor a una vida. Dala libremente ya que nunca sabrás la diferencia que lograrás al hacerlo. Dudo que el exitoso graduado de Harvard tenga idea de lo valiosa que fue la nota que le escribió a la esposa de su amigo.

Pam compartió conmigo lo mal que se sentía después del nacimiento de su segundo hijo:

> Había dejado mi empleo, en el cual desempeñaba una posición directiva para quedarme en casa con los niños. Sentí la pérdida de la autoestima que me daba la carrera y sucumbí bajo el síndrome de la supermujer. Resumiendo, no le daba valor a mi lugar en casa. Un día recibí una nota de un amigo de mi marido alentándome por mi tarea de madre a tiempo completo. El es un brillante y exitoso capitalista de quien nunca hubiera creído que le diera mucho valor a las cosas tradicionales. Me comparó con Christa McAuliffe, la maestra integrante de la tripulación del Challenger. Ella dijo: "Yo enseño, por lo tanto, toco el futuro".Y yo necesitaba escucharlo.

Un pastor que no recibía muchos cofres de plata me contó que había ayudado a una chica a ingresar en la universidad. Luego, ella le escribió una carta de agradecimiento llena de cumplidos. El la lleva consigo desde entonces y ha dicho: "Cuando me siento abatido, leo la carta".

La belleza de la palabra escrita consiste en que se la puede llevar cerca del corazón y leerla cuantas veces uno lo desee. Un cofre de plata dicho oralmente puede empañarse con el paso del tiempo y los embates de la vida, pero un cofre escrito puede sacarse y leerse y releerse. Con cada lectura, el resplandor aumenta como el acabado de la plata fina que reluce más con cada lustrada. Sherry tiene un cofre de plata en su Biblia al que le saca lustre con regularidad. Ella me ha dicho: "Mi amiga, que me discipuló cuando estaba recién convertida en una ciudad nueva, me dio una tarjeta de estímulo en la Navidad pasada que todavía guardo en la Biblia. La tarjeta dice que el Señor me ama, que El tiene un plan para mi vida y que lo mejor todavía está por venir. Aprecio que me haya dado un cofre de plata de aliento, algo que jamás había recibido de nadie anteriormente. En medio de todos mis interrogantes y confusión, sufrimiento y temor, El siempre me apuntala".

Alguno de ustedes puede que esté pensando: *No tengo las tarjetitas de Emilie* o *no sé orar como Ana* o *no tengo ninguna creatividad para escribir.*

¿Qué puede hacer si desea alentar a otros y no tiene un don natural? ¿No sabe qué decir? ¿No tiene muchas ideas creativas?

Todos tenemos dentro algo que comunicar. Todos hemos nacido con una dosis de creatividad, pero frecuentemente no sabemos cómo convertir nuestros sentimientos en palabras, a pesar de saber que a la gente le gustaría. Lo más deseable son las palabras creativas de estímulo, pero elegir una tarjeta apropiada puede ser una tarea emocionante para darle a otros cofres de plata.

Mandar una tarjeta o una nota de aliento puede agregar beneficios, como nos cuenta Linda en su historia.

> Siempre me encontraba en dificultades para elegir una tarjeta adecuada para mi suegra en el Día de las Madres. Ella nunca había sido buena conmigo y siempre criticaba las cosas que yo hacía. Sufría tratando de escoger el versículo adecuado. No había nada apropiado para ella. En una oportunidad el Señor me habló: escoge el versículo que exprese lo que deseas que ella sea y yo haré el resto. Así que comencé a elegir tarjetas con bellas descripciones sobre la suegra perfecta. Con el tiempo, ella comenzó a ser esa persona. Dios había comenzado a cambiarle el corazón. Ahora ella me quiere de verdad y hasta se lo dice a la gente. Dios tuvo que cambiar mi corazón primero y quererla a través de El.

Este fue un cofre de plata con doble regalo. Quien lo recibió se sintió amada y como respuesta, la dadora mejoró la relación. ¿No tenemos a alguien también a quien mandarle un cofre de plata?

Debido a mis viajes, paso mucho tiempo en los aeropuertos. Recorro los negocios mirando los diferentes artículos regionales y las diferentes clases de tarjetas. En quince minutos, generalmente, encuentro la tarjeta apropiada para algún miembro de mi familia o algún amigo. Cuando voy al supermercado me detengo en el sector de las tarjetas y miro lo que hay.

En CLASS les enseñamos a la gente que quiere comunicarse creativamente que estén "alertas a la vida". Con esto queremos decir que se fijen qué hay a su alrededor para darle un toque de color. Ya sea que desee o no convertirse en conferencista, puede incrementar su ministerio de Cofres de Plata estando alerta a los intereses de los demás. A la gente le encanta que le envíen tarjetas o notas mencionando algo personal o agregando algo a su colección o pasatiempo, o simplemente algo que se les parezca. Para que esto sea efectivo, debe escuchar lo que la gente dice y responder a sus intereses o a lo que consideran entretenido.

Hace alrededor de diez años Connie Teilborg comenzó un seminario de mejoramiento personal en Phoenix. Usó ranas en la decoración y su tema estaba basado en la canción "¿Hoy has besado alguna rana? ¿Has ayudado a alguien en su vida?" La lección era que si se le daban palabras de estímulo a los demás uno podía transformar algunas ranas en princesas. Desde entonces, Connie y yo nos hemos estado intercambiando ranas de todos los tamaños y formas. Cuanto más fea es la rana, más nos divertimos. Cuando regreso a casa después de un largo viaje y me encuentro con un sobre o caja de Connie ya me empiezo a reír aun antes de abrirlo. Ella me ha mandado un reloj solar en forma de rana, campanitas con forma de ranas y banderitas para el jardín con ranas. Ha encontrado una remera con una gran rana estampada y una falda verde lima cubierta de ranas en color fucsia. Connie ha logrado alegrarme el día sin decir una palabra.

Recientemente recibí una caja grande conteniendo una piscina verde inflable para niños en forma de rana. A mi nietito Bryan le divierte muchísimo navegar en la rana de la abuela.

Siempre que miro tarjetas encuentro ranas y me gusta encontrarlas para ocasiones inesperadas. He encontrado ranas saltando dentro de las calabazas del Día de Acción de Gracias, debajo de árboles de Navidad y besando la piedra del castillo de Blarney en Irlanda. Es sorprendente lo que se puede encontrar para animar a un amigo cuando estamos alertas en la vida.

Emilie Barnes convirtió un granero en una casa roja llena de accesorios nostálgicos. Cada vez que veo una tarjeta con un granero pienso en Emilie. El lema del ministerio de Evelyn Davison es "Las manzanas de Eva" por lo tanto, cada vez que veo tarjetas con manzanas, las compro para ella. A Missy Chávez le encanta el concepto que Jesús es el pastor y nosotros las ovejas así que le compro tarjetas con ovejitas lanudas. El primer libro de Marilyn Heavilin se titula *Roses in December*. Cada vez que veo una tarjeta, anotador, poster o cuadro con rosas, se lo compro. Recientemente ella me obsequió un pastillero de plata con rosas como recordándome cómo nuestros ministerios estaban relacionados.

Para Navidad, una amiga me dio un gran cofre plateado lleno de cofrecitos plateadas que había estado coleccionando para mí. Algunos de estos obsequios se encuentran en la contratapa de este libro.

Cualquier tarjeta o regalo que se adapte a los intereses de la persona, va a ser recibido con gozo. Cuando estoy de visita en casa de alguien trato de ver qué es lo que les gusta. Una señora de Baltimore tiene un armario iluminado lleno de bellas conchas marinas por lo que le envié una tarjeta de agradecimiento cubierta de conchas.

Tengo una amiga cuyo pasatiempo es hacer miniaturas; casitas, comercios, iglesias con adornos diminutos. Accidentalmente, vi una tarjeta de Navidad con miniaturas, así que se la compré.

Barbara Cooper me comentó que ella colecciona arena, tierra de los lugares que visita. Nunca había oído acerca de ese tipo de colección, pero cuando estuve en la Costa de Oro en Australia pensé en ella y le traje una bolsita de arena.

Con estos ejemplos, usted tiene una idea general de cómo se puede alegrar creativamente la vida de otras personas por medio de tarjetas o regalos.

Para recordar las fechas de cumpleaños y aniversarios llevo un calendario en mi cartera. Al finalizar cada mes, cuando dispongo de un ratito entre dos vuelos, miro mi lista para el mes próximo y trato de comprar todas las tarjetas para cada ocasión. A veces encuentro algunas para ocasiones futuras que guardo en un archivo especial que tengo para cada mes. Este "archivo auxiliar" tiene un bolsillo para cada mes y yo le he agregado secciones para tarjetas de agradecimiento, tarjetas para nacimientos, tarjetas para restablecimiento y tarjetas de condolencias. Guardando algunas en cada sección, sé que sin salir de mi oficina puedo encontrar la tarjeta apropiada para la ocasión inmediatamente.

Al aprender a estar alerta a los intereses de los demás como estilo de vida, usted se dará cuenta que tiene un ministerio de Cofres de Plata con el que estimulará a sus amistades.

Enséñele a su familia a celebrar ocasiones especiales y a pensar la manera exclusiva de hacer sentir bien a la gente.

Cuando estábamos criando a nuestros hijos, yo los alentaba a hacer decoraciones de acuerdo a la festividad que se avecinaba. Ahora, me emociona visitar la casa de mi hija Lauren y ver cómo ella involucra a sus tres muchachos en los planes para la festividad. Las tradiciones son una parte importante en la crianza de nuestros hijos; les otorgan recuerdos específicos que pueden influir en sus propias actividades hogareñas en el futuro.

Ayude a sus hijos a desarrollar pasatiempos o a que se interesen en algo especial en lo cual los demás miembros de la familia puedan colaborar mientras crecen y se van. A Marita la llamábamos "Bunny" cuando era chiquita. Le permitimos tener un par de conejos mientras fue creciendo y en la actualidad tiene un conejo vivo en una jaula. Cada vez que veo una tarjeta con conejos, o una camiseta o una estatuilla, se la compro.

Lauren ha sido una madrecita toda su vida. Ella cuidó a Marita desde que nació y les ministró a nuestros dos muchachitos con problemas cerebrales durante meses cuando ellos tenían los ataques y gritaban las veinticuatro horas. Ella sufrió cuando ellos no pudieron estar más con nosotros. Ella ha sido una madre ejemplar para sus tres hijos y ha tenido que sufrir, desafortunadamente, la pérdida de la muy deseada niña. A causa de su intenso amor por los pequeñitos, ella colecciona cualquier cosa que tenga una madre cariñosa con un hijo, ya sean cuadros, tarjetas o estatuillas.

Fred, nuestro hijo adoptivo, tiene un bulterrier inglés como el de McKenzie, del programa televisivo. Es un perro grande, totalmente blanco con una mancha negra alrededor de los ojos. Siempre ha sido difícil comprarle a Fred cosas divertidas, pero recientemente aparecieron una serie de posters, tarjetas, estatuillas, camisetas y cosas para mascotas con perros bulterrier, proveyéndonos de una variada gama de posibilidades.

Marita notó recientemente que su hermano de vez en cuando se sentía un poco solo y necesitaba alguien para conversar. Ella le dejó saber que él tenía una amiga disponible en cualquier momento, ya fuera de día o de noche. Marita buscó tarjetas apropiadas para enviarle a Fred y regularmente le mandaba alguna de estímulo por correo. Algunas tarjetas eran serias, otras eran tontas, pero Marita se aseguró que por lo menos dos veces al mes Fred se enterara que alguien se preocupaba por él. El no es la clase de persona que agradece con palabras, pero en una reciente visita a su oficina, Marita vio varias de esas tarjetas puestas orgullosamente sobre su escritorio. Los cofrecitos de plata ofrecidos con palabras de aliento hacen resplandecer el día.

Ya sea que usted tenga un ministerio de Cofres de Plata o escriba notas para personas en necesidad, o le envíe tarjetas a sus amistades, o regale algo significativo sin que sea una ocasión especial, será bendecido por el empuje dado a otros.

¡Qué divertido fue recibir una manzana congelada por la maestra de Jeffie, un cofre de plata de las mujeres de la Fraternidad de Sion, un par de medias blancas con corazones rojos para el día de los enamorados de parte de Dana y un pañuelo de lino blanco irlandés con tréboles bordados para el día de San Patricio, de Carole.

Un regalo, una tarjeta, una palabra no tienen que ser caros; tienen que ser apropiados para poder comunicar "Te quiero porque..."

Gracias Fred y Florence
por el invalorable regalo
de amor comprometido.
Envuelto atractivamente
con la plata de la aplicación personal
Adornado con las coloridas cintas
del sacrificio personal
Ustedes enriquecen mi vida
y debo compartirla.

Marvel Bergland

Mi lengua es pluma de escribiente muy ligero.

(Salmo 45:1)

Cofres de flores

Cuando mi melancólico hijo Fred era niño, íbamos un día como bala por la carretera camino a la escuela. Miré por la ventanilla y vi a ambos lados de la carretera cubiertos de flores. "Mira la cantidad de flores que hay" exclamé. Justo en ese momento pasamos por un montón de malezas que habían crecido en medio de las margaritas.

'Pero mira la maleza', dijo él. Por un momento me quedé cortada sintiendo que había hecho un comentario negativo. Como si me hubiera leído la mente, Fred preguntó: 'Mamá, ¿mamá, por qué será que tú siempre ves las flores y yo la maleza?'

¿Por qué algunos vemos flores y otros ven maleza? Nuestra personalidad, autoestima, antecedentes y circunstancias se conjugan para poner nuestra mente en actitud positiva o negativa. Cuando nos damos cuenta que un poco de maleza por aquí y por allá puede ahogar nuestras flores, nos daremos cuenta también la importancia que tiene el cultivar el abono de las palabras alentadoras. Podremos ser "el sembrador de buena semilla" sabiendo que finalmente segaremos lo que sembramos. ¿Es usted poseedor de cofres llenos de flores o de maleza?

Después de asistir al retiro de mujeres del sur de California y oírme hablar de Regalos en cofres de plata, incluyendo el relato de tía Jean, Cindy Parsons me escribió una carta de diez páginas elogiando a su tía Cheri quien había sido un ejemplo para ella. "Siempre estaba disponible cuando la necesitaba, siempre se interesó por lo que yo hacía, siempre me alentaba con palabras de estímulo como: 'tú puedes hacerlo. Mira, yo lo he hecho, así que tú también lo harás. Sé que es doloroso, pero el tiempo sanará la herida'".

Cindy mencionó que la época más difícil de su vida fue cuando sus padres se divorciaron. "Tía Cindy me rescató del sufrimiento con sus esfuerzos constantes para hablar conmigo por la noche y también a la mañana temprano. Ella estaba ahí para tomarme la mano, para hacerme saber que entendía mi dolor y mis temores. Eso fue hace dieciocho años y el dolor continúa allí, pero también está ahí tía Cheri inundándome con sus palabras de aliento".

Esta misma tía Cheri aconsejó sabiamente a Cindy antes de su matrimonio, la consoló cuando murió su abuela y la asesora en su ministerio cristiano.

Cindy tuvo la visión de comenzar un ministerio cristiano para mujeres en Hope Chapel pero cada vez que pensaba en hacerlo se desalentaba mirando sus propias limitaciones. "Con la idea concebida, sugerencias y principios generales me presenté al pastor diciéndole que lo ayudaría a encontrar la persona adecuada para dirigir el ministerio. El me dijo: 'Cindy, tú eres la persona indicada'. Yo nunca había hecho nada en esa escala, pero llamé a tía Cheri y ella me alentó una vez más diciéndome: 'Cindy, creo que sabes lo que tienes que hacer'. Una vez más, ella tenía razón. Bien, eso fue hace como dos años y Dios ha podido usarme de manera maravillosa sólo por haber estado dispuesta".

Cheri, la tía de Cindy ha sido, obviamente, una fuerte influencia positiva en su vida. ¿Es usted una tía Cheri o una tía Jean en la vida de alguien que conoce? ¿Hay alguien en quien esté pensando en este momento que necesite una palabra de estímulo? Trato de mantener mis ojos y mis sentidos sintonizados con el Señor y cuando El me manda ir hacia una persona, generalmente, alguien a quien no conozco, lo hago.

Cindy termina su larga carta pidiendo poder alentar a otros como su tía la alentó a ella. Ella desea inspirar a otros para "llegar a ser lo que tía Cheri ha sido para mí. Su empuje tan positivo ha tenido un gran impacto en mi vida. Siempre me pregunto si hubiera tenido el valor y la confianza de haber vivido todos esos años sin sus palabras de aliento". ¡Sí, las *palabras* hacen la diferencia!

Las palabras son poderosas ya sea que sean positivas o negativas. Cuando esas palabras las dicen los padres o algún adulto en autoridad pueden tener un efecto decisivo en la vida. El marido de Raquel y sus cuatro hijos están orgullosos de que ella, finalmente, vuelva a la escuela para obtener su título. Ella dice: "Mi madre nunca me alentó. Como resultado, no terminé la escuela secundaria".

Cuando le dijo a su madre que iba a ir a estudiar, lo único que le dijo fue '¡Ya era hora!'

La maestra de música de quinto grado le dijo a Loree que no le gustaba su risa. Loree todavía hoy recuerda el poder que esas palabras tuvieron en una niña de once años. Ella recuerda: "No me volví a reír fuerte hasta los quince años".

Cuando Elizabeth era pequeña, su padre nunca la ayudó con sus tareas de matemática. Ella recuerda que él le decía que por ser mujer jamás las entendería. En toda la escuela secundaria y la universidad siempre sacó bajas calificaciones en matemáticas. Veinte años más tarde, después de recibir mucho estímulo por parte de su esposo, volvió a la escuela y tomó clase de álgebra. Elizabeth, la niña que sacaba bajas calificaciones en matemáticas, ¡sacó la más alta calificación!

Cristina era una niña que no había conocido a su padre y añoraba recibir buenos comentarios de él. Sus padres se habían divorciado cuando ella era muy pequeña. Papá vivía en Tejas y mamá se había mudado con los niños a California.

Mamá le daba cofres de plata y luego, cuando ella fue a ver a papá no solo él no sabía dar cofres de plata, sino que parecía tener la especial capacidad de destruir su precioso tesoro.

Cristina me dijo: "Me convertí al Señor a los diecinueve años y El comenzó a trabajar en mí. Decidí mudarme a Tejas poniendo la universidad como excusa, pero el motivo era restablecer la relación con mi padre. Dios no lo había cambiado a él ¡pero me había cambiado a mí! Me encantaba obsequiar cofres de plata, pero sentía que necesitaba cofres de plata de mi padre más que de ninguna otra persona. Dios me pidió que lo dejara a *El* ser mi padre y aceptar sus cofres de plata en nombre de mi padre terrenal. Esto me permitió seguir adelante a pesar del rechazo de mi padre y amarlo incondicionalmente, y si, a veces él tira abajo mis ladrillos, estoy aprendiendo a obsequiarle cofres de plata en vez de levantar un muro y dejarlo afuera. Todavía tengo la esperanza que un día papá va a aprender a darme cofres de plata.

Cuando Rod tenía nueve años, quería hacer algo para ayudar a su familia en su situación financiera. Se sintió muy orgulloso de sí mismo por haberse conseguido un trabajo repartiendo diarios a domicilio. Cuando llegó a su casa para compartir su buena suerte, su entusiasmo se desvaneció inmediatamente cuando, en vez de recibir estuches de plata, le dijeron cosas como: "¿Tienes idea del tiempo que te llevará eso? ¿Cómo vas a hacer para levantarte tan temprano? Un muchacho tan joven como tú no puede hacer un trabajo como ese".

Rod estaba desolado y renunció al trabajo antes de empezar. Cuando treinta años más tarde me contó la historia, comentó que jamás volvió a contarle algo a sus padres, nunca les pidió su opinión o compartió sus decisiones con ellos. A Rod no le dieron cofres de plata.

Loree tenía tres hermanas mayores que eran muy lindas y talentosas. Las tres hermanas pertenecían a un grupo musical y eran muy conocidas. A su lado, Loree se sentía fea, sin talento y sin valor. Sentía que no podía compararse con ellas y se convirtió en una adolescente depresiva y confusa. Nada de lo que le dijeran podía ayudarla hasta que un día escuchó una conversación entre un amigo de su padre y su madre. El señor Clithroe dijo: "Si Loree tan solo se sintiera querida, sería la más hermosa de las cuatro". Loree me comentó que un solo comentario cambió su vida.

Kathy Gozur recuerda las palabras de estímulo de su padre. Ella cuenta: "El siempre fue un modelo de buen cristiano. Por más ridículas o alocadas que fuesen mis ideas, mi padre siempre me daba el aliento para intentarlo. El acostumbraba decir: 'Si no lo intentas, nunca lo sabrás'. El creía que debíamos hacer nuestras propias decisiones, ya sea que fueran equivocadas o acertadas, buenas o malas. De esa manera aprenderíamos a vivir con las consecuencias de nuestras acciones. El nos decía: 'Si ustedes toman una decisión equivocada, nosotros como padres estaremos a su lado para ayudarlos a recoger los pedazos'. Y siempre podíamos contar con ellos, no importaba cuán ocupados estuvieran". Diariamente el padre de Kathy le daba cofrecitos de plata con un lazo encima.

No hay nada más precioso que ver a un papá orgulloso de su descendencia. Cuando iba a la iglesia con mi hija Marita notaba como el papá de Janie Seltzer rebosaba de alegría al ver a su hija al frente de la iglesia por ser la esposa del pastor. Es obvio que Jim está orgulloso de su Janie. Ella recuerda cuando era estudiante y estando viviendo fuera de la casa por varias semanas, llamó por teléfono a su casa. Al contarle a su papá acerca de todos los nuevos amigos que había hecho, él le dio un cofree de plata al decirle: "¡Claro! Todo el mundo quiere hacerse amigo de mi Janie".

Una noche salí a comer cuando aún estaba escribiendo este libro. Al entrar al restaurante en Palm Springs me topé con dos elegantes señoras que estaban esperando y pude escuchar la siguiente conversación.

—"Mi padre me dijo que yo era una laucha".

—'¿Se refería a tu delgadez?'

—"No. El decía que yo no tenía personalidad".

—'No recuerdo que haya dicho eso'.

La primera respondió enfáticamente:—"¡Estoy segura!"

Aunque no lo busco, siempre encuentro gente que ha sido herida por algún comentario casual, pero que ha tenido repercusión de por vida.

¿Recuerda haber dicho: "¡Yo nunca haré eso! ¡Jamás seré como mi madre?" Darlene me contó que creció con una madre que hacía comentarios negativos y se prometió a sí misma que jamás les hablaría a sus hijos de la manera en que su madre lo había hecho con ella. Darlene se esmeró en ser positiva con sus dos hijos, pero me confesó que en el último año había empezado a deslizarse lentamente en su comunicación con el mayor que tiene cinco años y medio."Lentamente comencé a ser negativa y a decir cosas desagradables, igual que mi madre. Sus mensajes sobre los cofres de plata me recordaron cómo me sentía yo de niña. Voy a poner cofres de plata en cada cuarto como recordatorio. ¡Gracias!"

Los padres muchas veces temen decirle a sus hijos demasiadas palabras efusivas para que no se envanezcan. Puede que usted recuerde a alguien decir: "Ten cuidado o harás de él un presuntuoso". Cindy, de Manhattan Beach, sabía que era inteligente y bonita porque todo el mundo se lo decía, menos su madre. "No recuerdo que ella me hubiera dado un cumplido; sí recuerdo que me decía estúpida y haragana".

Ahora Cindy tiene cuarenta años y sabe intelectualmente que no es ni estúpida ni haragana, pero todavía está luchando con esa arraigada creencia. Me comentó que las palabras de su madre todavía ensombrecen mucho de lo que hace y dice. "Yo creía, verdaderamente, que era fea aunque sé que soy bastante atractiva. Su enseñanza ha sido fabulosa, muy buena para mí. Usted es de gran bendición para muchas personas. Gran parte de mi vida la he pasado, subconcientemente, tratando de probarle a mi madre que tenía razón. Estoy trabajando arduamente para darles a mi marido y a mi hijo los cofres de plata que yo nunca tuve".

Carolyn es otra que recuerda a su madre llamándola estúpida, tonta e idiota. Ha tenido grandes dificultades con todos los exámenes que tuvo que rendir. La fuerte creencia de que era estúpida le impedía aprobar al primer intento. Si una oportunidad de trabajo requiería una prueba, Carolyn ni lo intentaba. Inclusive tuvo que dar el examen para sacar la licencia de conducir varias veces antes de obtenerla. Las palabras de su madre la obligaron a intentar varias cosas en su vida. Recientemente, Carolyn tuvo que pasar nuevamente el examen para sacar la licencia. Varios días antes era un manojo de nervios sabiendo lo humillada que se sentiría por el resultado. Su grupo de estudio bíblico la alentó y oró con amor por ella antes y durante el examen. Con la ayuda de Dios, Carolyn está empezando a ver que las afirmaciones de su madre estaban equivocadas. Ella me dijo: "¡Saqué un buen puntaje! ¿Puede creerlo? ¡Estaba tan emocionada!" Claro que puedo creerlo, y en poco tiempo, también Carolyn lo creerá.

Los cofres de plata hacen algo más que hacer sentir bien a la gente. Las palabras tienen el poder de hacer que una persona se sienta alguien o se sienta nada. Elaine me escribió contándome que ella quiere a sus padres pero siente que podría lograr más si sus padres la animaran en vez de desalentarla. Dice ella que su madre hace comentarios negativos de todo lo que ella o sus hermanos hacen si no concuerda con lo que ella cree que debe ser. Elaine dijo: "Mi padre no nos desanimaba, pero tampoco nos alentaba. En consecuencia, crecí ahogando mis deseos. Me casé con el primer hombre que me lo pidió y nos divorciamos antes de los dos años. Me volví a casar, y mi matrimonio no hubiera durado si no hubiera sido por el amor y estímulo de mi suegra y mi cuñada. Ellas han sido dos verdaderos ejemplos de mujeres cristianas. ¡Ellas han sido mis cofres de plata!

Joanne Provost tenía la posibilidad de ser una niña que nunca recibiría algún cofre de plata. Tenía una voluntad férrea, era agresiva y tenaz en sus opiniones. A esta clase de niños generalmente se le dicen cosas como: "No quiero escucharte hablar hasta que te diga. ¿Por qué no haces las cosas como te indico?" O: "eres un problema". En cambio, la madre de Joanne le daba cofres de plata sistemáticamente. Ella recuerda que su madre le decía: "Joanne, algún día llegarás a ser líder". Así como algunos llegan a ser lo que sus padres negativamente les vaticinan, Joanna llegó a ser lo que su madre positivamente le decía. Joanne me dijo: "En la escuela yo tenía, definitivamente, un temperamento de líder. Yo participaba en todo".

Cuando dejó la protegida zona de la escuela cristiana para ir a la escuela pública, al principio se sintió tímida. Eso duró poco.

"En la secundaria, ya era un líder establecido y estaba organizando un gran evento para la escuela, el "Día de las Bermudas". Las palabras de mi madre me estimulaban al lograr cada meta. Hoy día Joanne es la directora de Enseñanza

Bíblica Comunitaria en su zona. En todos sus cargos de liderazgo, Joanne ha aprendido una cosa muy importante, y es que ser un líder no quiere decir ser un jefe, solamente es posible ser líder cuando uno anima a los demás.

Joanne tiene una hija de cinco años de firme voluntad, igual que ella, a quien ya ha comenzado a decirle: "Katie, algún día serás un líder para Jesús".

Tantas veces las madres que hacemos un buen trabajo con nuestros hijos nos vamos a la tumba sin haber escuchado una palabra de elogio. "Bien hecho, buena y fiel madre". La madre de Proverbios 31 tiene hijos que se levantan y la llaman bienaventurada, y algunas de nosotras nos hemos preguntado dónde encontró esos hijos. Deben haber sido una especie diferente de una generación extinguida. Yo me sentí tan agradecida cuando Marita se ofreció para escribir los capítulos de apertura y clausura de *Raising the Curtain on Raising Children* En el primer capítulo ella escribió que nuestro hogar no fue una casa de libro de cuentos llena de angelitos y debido a eso, fue que yo pude campear los temporales. En el capítulo de revisión, ella expresó sus sentimientos diciendo que yo había hecho un admirable trabajo como madre.

"Estoy tan contenta que durante mi niñez mi madre me reafirmara lo especial que yo era y me alentara siempre. Agradezco las muchas veces en que atentamente escuchó mi incesante charla y mis sueños rotos. Agradezco sus oraciones y por haber logrado que hoy sea lo que soy".[4]

Aletha me mandó una nota de agradecimiento que su hija le había escrito. Espero que sea de inspiración para muchas de nosotras para agradecerle a nuestras madres.

Querida mamá:

Hoy he estado pensando en ti y descubrí algo nuevo en mi interior. De pronto, me di cuenta cuantas cosas he logrado y disfruto *hoy día* debido a que tú te preocupaste en enseñarme y darme ejemplo con los años. Tal vez me estoy poniendo vieja (¡31!) pero me doy cuenta que sí, que si somos constantes, una madre puede ser una influencia positiva en sus hijos aun cuando se vayan del nido y hasta en futuras generaciones.

Por ejemplo, hoy cocino una variedad de cosas ricas y atractivas. Nadie se queja, por lo tanto, sé que me has enseñado bien. (Recuerdo tu fama de buena cocinera entre tus amistades). También coso y disfruto haciendo bordados para adornar mi casa. (Gracias también por recordarme que estuviesen prolijos también por dentro).

Me siento a contemplar con admiración mi nueva sala pensando en tus enseñanzas acerca de la combinación de colores, estilos y calidad cuando tenías tan poco en nuestra casa en esos años de joven ama de casa. Les canto a mis hijos (lejos estoy de hacerlo tan bien como tú lo hacías cuando nos cantabas a nosotros) pero así y todo, lo hago con alegría.

Hice varias actividades para mi iglesia, organizando, horneando dulces, haciendo llamadas telefónicas, etcétera. Gracias por un hogar cristiano positivo y por el ejemplo de fidelidad tanto tuyo como de papá hasta en las pequeñas cosas.

Al escribirte estas líneas me doy cuenta que también supiste encontrar las palabras adecuadas para ponerlas por escrito. Se acerca el día de Acción de Gracias y quiero agradecerte por la belleza, la confianza y la alegría que me ayudaste a encontrar en la vida. Por favor, ten siempre presente los dones que Dios te ha dado y descansa tranquila porque has cumplido bien con tus obligaciones como madre. Con seguridad, Dios y tu familia todavía tienen entusiastas planes para que concretes. Sigue creciendo. Sigue compartiendo tus dones. Brinda tu amor.Te quiero mucho.

Tu hija agradecida

Si a usted le han dado cofres de plata cuando era niño, es fácil que pueda darlos a los demás. Elane era la mayor de cuatro hermanos y ella cuenta que su madre tenía una tienda de cofres de plata, suficientes para todos. Su madre era muy creativa y estimulaba a todos sus hijos para que hicieran lo que tenían ganas de hacer. Ella recuerda que el mayor don de su madre era ver sus fracasos bajo una luz positiva.

"Cuando hacíamos un manchón en los dibujos, ella solía decir: eso no es problema, podemos convertirlo en una flor. ¡Mira qué lindo se ve ahora tu dibujo! Mis dibujos estaban llenos de nubes, flores y árboles para tapar los deslices de mi pluma. Actualmente soy maestra de arte y enseño como mi madre. Los trabajos de mis alumnos están llenos de nubes y flores. Mi mamá cambió la imagen de mí misma convirtiendo mi vida en algo hermoso. Recién en el último año me di cuenta qué perfecta imagen de Romanos 8:28 ella nos dio. Cuantas de mis malas elecciones en la vida Dios más tarde las transformó en flores". Elane tiene varios cofres de plata llenos de flores. Cofres de flores.

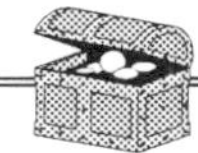

Porque he aquí ha pasado el invierno, se ha mudado, la lluvia se fue. Se han mostrado las flores en la tierra. El tiempo de la canción ha venido.

(Cantar de los Cantares 2:11-12)

Cofres de lápices

Junto a los miembros de la familia, los maestros tienen gran influencia en la vida de los niños. Recuerdo como miraba yo a mis maestros esperando palabras de estímulo. Me acuerdo de la señorita McGormick, recién salida de la universidad que me dijo que podía aprender latín y cuánto me ayudó ese conocimiento para comprender las raíces, prefijos y sufijos de nuestra lengua. Ella estaba en lo cierto. Nos desafió más allá de nuestras habilidades, haciéndonos hablar en latín y dándonos un bagaje de vocabulario que actualmente continúo empleando.

También recuerdo al profesor de geología que me pescó cuchicheando con una compañera y me puso de ejemplo delante de toda la clase. Nunca olvidaré la humillación que sentí al pararme delante de todos y repetir diez veces: una montaña es un ejemplo extremo de diastrofismo.

Me acuerdo de la esbelta y elegante señorita Croston que nos enseñó que nunca debíamos decir: "No creo eso". En cambio, debíamos decir: "No lo creo". Ella decía: "No dejen que nadie se dé cuenta que no lo creen. Pronto lo descubrirán". En el día de hoy si me encuentro diciendo "no creo eso" oigo la voz de la anciana señorita Croston en mis oídos.

Al mirar hacia atrás y ver mis clases de gramática y los pequeños cofres para guardar los lápices, reglas y gomas de borrar, recuerdo las notas de nuestras maestras que traíamos a casa. Algunas eran para informar a mis padres de las reuniones, algunas eran palabras de reafirmación y algunas pocas decían: "Florence habla mucho".

Ya fueran malas o buenas, esas notas venían a parar a nuestros cofres de lápices y algunas quedaban allí varios días antes que nos atreviéramos a sacarlas y dárselas a nuestros padres.

He compartido el valor de las palabras de estímulo en los mensajes escritos, historias de maestros que han influenciado definitivamente en la vida de los alumnos.

Esther Pearson, una consejera familiar, recuerda una experiencia que afectó su vida. En octavo grado, se esmeró por sacar una B en su clase preferida, historia. Hizo trabajos extra y estaba segura que había sobrepasado todos sus logros anteriores. Cuando le dieron las calificaciones, tenía C. Se armó de coraje para enfrentar a su maestro y le dijo: "Debe haber un error" sin pensar cómo tomaría él su comentario. El le contestó: "No, Esther, no hay ningún error. Tú eres una alumna para C, y eso es todo". Esther se sintió derrotada y no intentó hacer ningún esfuerzo por superar la C. No fue hasta los veintiséis años que tomó conciencia que podía sacar A si se esmeraba lo necesario, pero, como ella dice: "Ya se había perdido mucho".

Los maestros juegan un papel muy importante ayudando a los niños a sentirse bien consigo mismos. Un simple comentario de una persona en autoridad puede darle a los pequeños la confianza de que pueden lograr algo. La señora Harmon era una de esas maestras de la cual los alumnos se reían en el baño. Ella era una enfermiza mujercita de cabellos negros con el aroma de una "fábrica de perfumes". Más allá de sus características físicas, la señora Harmon veía algo bueno en cada uno de sus alumnos y los alentaba en sus habilidades individuales.

Margaret Begly recuerda al hojear su Libro del Año de la escuela secundaria, justo antes de la vigésima reunión de la clase. En la página de los profesores había un cofre de plata dejado por la señora Harmon. Margaret me contó: "Recuerdo haber sido un desastre cuando era estudiante, pero la señora Harmon vio algo en mí que yo no vi ni creí. La nota que me escribió muestra su admiración por mí: tienes una personalidad carismática. Tú alegras mi existencia y sé que llegarás lejos en la vida". A Margaret le llevó años creer en las palabras de la señora Harmon, pero al volverlas a leer recibió un cofre de plata de estímulo proveniente del pasado.

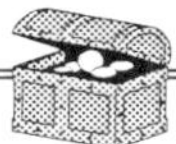

Leanne Williams me contó sobre su maestra de sexto grado quien le dio a su vida un giro completo. Leanne creía que era una estudiante promedio o por debajo. Su maestra la alentó para estudiar al máximo. Aunque no era excelente, cuando llegó el momento de nominar a los estudiantes sobresalientes, la maestra colocó a Leanne en ese lugar aunque todavía no era uno de ellos. Debido al estímulo de esta maestra y su deseo de poner a Leanne por encima de su nivel esperando que lo alcanzara, esta joven se esmeró y de ahí en lo adelante solamente recibió calificaciones A.

Debbie Heavilin recuerda el comentario de una maestra que hizo gran impacto en su vida; un cofre de plata que logró mantener consigo y sacarle brillo regularmente. "Yo era una alumna promedio en inglés. La maestra podría haber criticado mi trabajo pero, sin embargo, dijo: 'Te admiro porque trabajas bien bajo presión'. De ahí en lo adelante, cada vez que hay presión en mi tarea, recuerdo lo dicho por ella y me ayuda para fortalecerme y vencer el problema al que me enfrento. ¿No es maravilloso que una simple frase pueda ser tan significativa en la vida de una persona?

Los pequeños necesitan muchos besos y abrazos. Si no reciben estos estuches de plata en casa, frecuentemente, en la escuela son inquietos y movedizos llamando la atención de los demás. La señora Bell, la maestra de segundo grado de Bonnie Ramírez encontró la solución a ese problema al mostrarle a cada uno lo mucho que lo quería. Bonnie recuerda: "Ella era mi cofre de plata con un lazo encima, porque cada mañana cuando llegaba a su clase me daba un beso y un abrazo".

Piense en la emoción que es para una joven de quince años ir a la playa con el grupo de jóvenes de la iglesia por primera vez. La emoción es doble si ha sido invitada como acompañante del muchacho más popular de la iglesia. Esa joven era Carol Hulin. Tímida y sin gracia ante sus propios ojos, Carol no veía la hora en que llegara el gran día. Finalmente, llegó. Se alistó y fue a reunirse con los demás. Uno a uno fueron llegando los del grupo, reunieron sus pertenencias y las subieron al autobús. Ahí estaba todavía Carol, esperando a que Greg apareciera. Era el momento de partir y ella todavía estaba sola. Se le acercó el coordinador del grupo y le dijo: "Carol, el que se lo pierde totalmente es Greg; se perdió el privilegio único de estar contigo". Una simple frase pudo cambiar el sentimiento de verse estúpida para sentir que era algo especial recibiendo un cofre de plata en un momento de desesperada necesidad. Eso fue algo que ella nunca olvidará.

Así como un pequeño comentario puede levantar a una persona un comentario destructivo puede arruinarle la vida.

Bárbara Aro tiene recuerdos tristísimos de tres años de escuela. El hecho se cimentó la primer semana de clase. Se había olvidado de traer a casa el cuaderno y, por lo tanto, no pudo hacer la tarea de inglés para la señora McKinley. Bárbara me escribió: "Estaba muy asustada por las consecuencias. Estaba haciendo la tarea en clase cuando me llamó para que contestara la próxima pregunta. Contesté mal lo que la maestra consideraba una pregunta fácil. La señora McKinley exclamó: '¡Por tu vida! ¡Eres una tonta!' Toda la clase se rió de mí".

A Bárbara le resultó casi imposible hacer amigos en la nueva escuela y le rogó a su madre que la cambiara, pero su madre le dijo que tenía que aprender a amoldarse en circunstancias adversas. A Bárbara la apodaron "por tu vida, eres una tonta". Durante esos tres años sufrió mucho y alimentó el resentimiento.

A Candy le llevó doce años darse cuenta que ella poseía lo que se requiere para ir a la universidad. Ella hubiera querido hacerlo cuando terminó la secundaria pero debido a los comentarios de sus padres y maestros, se desanimó. "Me decían que podía ser una animadora profesional de equipos de fútbol, ya que era una cabeza fresca. Me lo creí y no me di cuenta de lo contrario hasta que cumplí veintiocho años y mi marido me alentó para volver a la escuela".

Terri Geary asistió a una escuela secundaria cristiana donde decidió seguir la orientación comercial. La directora quería que Terri estudiara para enfermera o maestra, carreras que a Terri no le interesaban y no se sentía con inclinación hacia ellas.

A Terri le gustaba mecanografiar, escribir cartas y todo lo que rodea al trabajo de oficinista. Cuando le comunicó su decisión a la directora, su respuesta fue: "Lo siento. No creí que tomarías el camino más fácil al terminar la secundaria".

Terri estaba convencida de haber tomado la decisión correcta, pero ese comentario hecho por una persona en autoridad, la hizo sentir totalmente inútil.

"Nunca me olvidaré cuán pequeña, insignificante y tonta me sentí cuando ella me dijo eso. Me hizo sentir que mi vida no tenía sentido".

Estoy segura que la directora quiso retar a Terri para que hiciera lo que ella consideraba que era lo mejor, pero lo que logró fue destruirle su iniciativa.

Ya sea que seamos padres o maestros, tratemos de poner elogios en los cofres de lápices de nuestros hijos.

Oh Dios, me enseñaste desde mi juventud, y hasta ahora he manifestado tus maravillas.

(Salmo 71:17)

Cofres robados

*B*arry, un entusiasta joven cristiano asistió a un curso de evangelismo para ser un testigo más efectivo. Casi al finalizar, él y uno de los instructores del curso salieron a evangelizar puerta por puerta como una especie de examen final. Golpearon a la primer puerta. Había un hombre en la casa y los invitó a pasar. Luego de una larga exposición con resultados positivos y la promesa de visitar la iglesia el domingo próximo, Barry se fue con su cofre de plata debajo del brazo. Antes de poder sacarle brillo a su cofre, quedó desanimado por la calificación dada por su instructor. "He oído la presentación del evangelio 252 veces y yo mismo lo hice 67 veces y esa fue la peor presentación que he escuchado". Con un instructor como ese en el área de evangelización, no nos sorprende que la iglesia tenga problemas para hacer que los miembros salgan por la noche a evangelizar.

Ahora que comprendemos el valor de las palabras positivas, necesitaríamos preguntarnos: "¿Estamos ofreciendo cofres de plata o a determinadas personas en ciertas circunstancias les estamos dando lo que no se considera un regalo?" Santiago 3:2 dice: "Todos ofendemos muchas veces. Si alguno no ofende en palabra, éste es varón perfecto, capaz también de refrenar todo el cuerpo".

Muy pocos podemos tener control absoluto de nuestra lengua y no decir nunca nada negativo. Piense por un momento en la gente con quien ha conversado en los últimos días. Haga una lista mental de aquellos que le levantaron el ánimo, aquellas personas que lo hacen sonreír cuando piensa en ellas, aquellos que están de acuerdo con usted y logran extraer de usted lo mejor. ¿Quiénes son? ¿Familiares o amigos?

Ahora piense en aquellos cuya sola presencia le hace rechinar los dientes. Personas que nunca tienen algo agradable para decirle. Personas que lo miran y lo hacen sentir inseguro. Personas que raramente están de acuerdo en lo más mínimo con usted. ¿Quiénes son?

Si son personas a quienes puede evitar, personas a las que usted tolera debido a un mal entendido sentido del martirio, quizás pueda hacer un esfuerzo para salirse de su senda destructiva. A veces nuestro esposo saca a relucir un sádico placer al dedicarle tiempo a alguien que drena nuestra energía. Si este es el caso explíquele que cuando usted se carga con los problemas de esta gente le queda muy poca fuerza para ser amante y positiva con su familia. Estar en la presencia de gente negativa más de lo estrictamente necesario es buscarse problemas.

Si usted puede dejar de sentirse responsable por estas personas negativas frente a la vida y a usted (y darse cuenta que no es culpa suya que no hayan sido felices en años) quizás usted pueda desarrollar un objetivo sentido del humor en esa situación. Siempre es fácil reír cuando uno no está involucrado. Frecuentemente, cuando usted deja de incorporar eso y da un paso atrás para tomar una balanceada perspectiva, por lo menos puede sonreír.

Nuestro amigo Jim nos mandó una carta que recibió de su prima. Esta parienta apareció en el funeral de su madre con su máquina fotográfica. En Navidad, Jim todavía estaba sufriendo la pérdida de su madre y recibió una carta de su prima donde incluía fotos de su madre en el cajón tomadas desde diferentes ángulos. Si las fotos no hubieran sido suficiente motivo como para enervarlo, le mandó las siguientes palabras que estaban lejos de ser cofres de plata:

Siento no haberte escrito antes. Lo que sucede es que el padre de mi marido se está muriendo de cáncer y vino a vivir con nosotros. La suegra de nuestra hija menor tiene unas pocas semanas de vida y tengo que cuidar a mis nietos mientras ella la acompaña en el hospital. A nuestra hija mayor la asaltaron el mes pasado en Washington y está en el hospital en serias condiciones. He tenido algunos problemas de depresión y no sé si los superaré.

Espero que esta carta te sea de estímulo en esta época festiva. Sé lo mucho que debes estar extrañando a tu madre. Si alguna vez vuelves a West Virginia, por favor, ven a verme...

¿Usted quisiera ir a visitar a esa querida prima? ¡Jamás en la vida!

Jim escribió: ¡No quiero caminar al lado de ella ni cincuenta millas! Estoy seguro que me agarraría cáncer, a Sherri la podría asaltar un criminal, alguien moriría a mi lado de alguna enfermedad terminal y mis hijos podrían caer en una depresión extrema... ¡Le aseguro que no estoy exagerando!

¿No es asombroso cómo la visión objetiva de una situación puede con frecuencia hacernos sonreír aliviados y despejar el ambiente cargado?

Si no puede evitar a la persona, desenganche sus emociones o encuentre la forma de ponerle humor a la relación. ¿Qué más puede hacer? Dos cosas simultáneamente. Primero, comience a orar no para que Dios le saque del medio a la persona en cuestión o la cambie sino para que cambie *su* actitud hacia ella, o por lo menos, su nivel de tolerancia. Dios no va a hacer necesariamente lo que usted quiere, pero es sorprendente lo rápido que El responde cuando usted le pide que cambie su corazón. Orando para poder amar lo que parece imposible, su responsabilidad es estar abierto al poder transformador de Dios. Usted no puede decir: hazme entender, amar o perdonar a tío Carlos y estar pensando *pero lo voy a odiar hasta que me muera.*

Aun más, cuando se ora por un cambio de corazón, ya sea que la persona lo merezca o no, la segunda cosa que usted puede hacer es comenzar a obsequiarle positivismo más allá que acuse recibo de su carta, nota o regalo. En términos espirituales, lo cual se opone a la naturaleza humana, nuestra responsabilidad cesa cuando hemos hecho lo correcto y no necesitamos recibir elogios o agradecimientos. Cuando hemos dado la palabra o el gesto positivo, la responsabilidad queda en manos de la otra persona.

Hablando en términos humanos, queremos crédito y reconocimiento por lo que hemos hecho, pero a la vista de Dios, el acto desinteresado en sí mismo es lo importante. Puede que hagamos buenas obras y digamos palabras positivas y nunca recibamos una respuesta, pero al menos, sabemos que hemos hecho nuestra parte en dirección a la restauración y le corresponde a Dios cambiarle el corazón a la otra persona, a su tiempo.

Tengo una amiga que vive una situación muy difícil con una parienta política. Para Navidad, mi amiga le regaló un certificado para recibir fruta fresca de primera calidad una vez al mes. Transcurridos unos meses de recibir este regalo, la respuesta fue: "Estoy enferma de esta fruta. No me gusta. Diles que dejen de enviármela".

Para aquellos de nosotros que disfrutaríamos con un regalo como ese, una reacción de ese tipo es inconcebible, pero proviene de una persona negativa que está determinada para no ver nada bien. Es parte natural de su miserable existencia. Nuestra responsabilidad termina con un gesto amable; nuestra compasión empieza cuando rechaza los regalos.

¿Qué pasa si se encuentra usted mismo diciéndole algo desagradable a alguien a quien ama, alguien que no es negativo u ofensivo pero que logra sacar de usted lo peor? ¿Hay alguien así en su vida? ¿Un hijo, el cónyuge, una hija? Pregúntese dos cosas. Primero, ¿hay algo en mi pasado que me hace responder insatisfactoriamente? ¿Mi padre o mi madre me decían cosas similares? ¿Hay algún trauma de mi niñez que por alguna razón este miembro de mi familia lo saca a la luz? ¿Estoy tomando alguna represalia por lo dicho o hecho?

Si le encuentra respuesta a alguna de estas preguntas, creo que en nuestro libro *Freeing Your Mind from Memories That Bind* le será se ayuda. Cuando hemos sido objeto de abuso o rechazados en la niñez, nuestra reacción proviene de lo más profundo de nuestro dolor y, por lo visto, el intentar modificar nuestro comportamiento y ser amables no da resultado. En ese libro hemos formulado algunas preguntas que lo ayudarán a encontrar la raíz del conflicto para que pueda sanarse desde adentro hacia afuera y no siga fracasando con curitas cristianas que se caen.

La segunda pregunta que debe hacerse es la siguiente. ¿Le da la impresión que este querido familiar no lo valora como los demás? ¿Se lo nota aburrido cuando usted habla o pasa a su lado sin hablarle? ¿No se da cuenta que se puso ropa nueva? Casi todos nosotros no tenemos problema en relacionarnos con quienes nos aman y nos lo dicen, o con quienes aprecian nuestras palabras y responden a nuestro humor, o quienes nos elogian y veneran la tierra que pisamos. Esas personas nos dan cofres de plata y nosotros hacemos una Navidad de cada uno de sus días.

Pero en cada familia existe alguien que no nos aprieta el botón de la felicidad, o alguien quien, francamente, nos tira abajo. Como cristianos, no queremos admitir que no amamos a todo el mundo incondicionalmente. Preferimos creer que la falla está en el otro. Cuando admitimos que somos parte del problema, Dios empieza a sanarnos el corazón.

Cuando pienso en la niñez de mis hijos, veo qué fácil era darle cofres de plata a Laureen. Desde el principio se portó bien. Ella era madura y responsable con los bebés, buena estudiante, animaba a los jugadores del equipo y volvía a su horario de noche. Le gustaba que yo estuviese involucrada en sus cosas y sabía que podía hacer uso de la casa para fiestas o estudios bíblicos y como un paraíso para amigas con problemas. Ella me agradecía lo que yo hacía y yo le agradezco por como era ella.

Marita no encajaba en el modelo de la niña buena y obediente, pero todo lo que ella hacía era divertido. Cuando la reprendía ella tenía alguna salida graciosa que me hacía reír. Ella siempre sabía cómo vencerme. A pesar de saber que me estaba ganando, el proceso era tan divertido que no me importaba.

Hasta que no comprendí los cuatro tipos básicos de personalidad, no pude entender a nuestro hijo Fred. Me preguntaba por qué era tan callado y no respondía a la excesiva energía que irradiaba nuestro hogar. Subconcientemente creo que me sentía un poco lastimada de que él no pensara que yo era divertida. Recuerdo muy bien el día que, siendo adolescente, me dijo: "Es sorprendente que la gente pague para oírte hablar". Me quedé sin palabras parada silenciosamente al lado de la cocina. "Creo que se debe a que no tienen que escucharte gratis", agregó. Suspiró y se fue dejándome sin respuesta. ¿A dónde podía ir con esa evaluación de mi carrera de toda la vida?

Viéndolo retrospectivamente sé que Fred no estaba condenando mi hablar o mi personalidad. Como adolescente, estaba dándose cuenta de lo que yo hacía y estaba francamente asombrado que las palabras comunes de su madre tuvieran valor. Solamente estaba expresando lo que le vino a la mente en ese momento y jamás volvió a mencionarlo. Yo hice a un lado el comentario, pero en algún recóndito lugar de mi mente tenía un pequeño lugar rotulado "desaires y heridas" y tuve que poner una débil tilde al lado del nombre de Fred.

No mucho después de ese incidente, Fred llegó a casa un día diciendo alegremente: "La señora Johnson dice que tengo una personalidad encantadora". Sin pensarlo siquiera le retruqué: "Me gustaría ver algo de ese encanto por aquí". En cuanto dije eso y vi en su rostro el impacto que causó, me pregunté de dónde habían venido esas palabras. ¿Qué lleva a una madre amante a lanzar comentarios desagradables e innecesarios a un buen muchacho que estaba entusiasmado con el cumplido recibido? ¿No sería ese lugar de mi mente donde había hecho el tilde que estaba esperando el momento para devolverlo? ¡Qué difícil es para los padres admitir que guardamos los tantos, que recordamos lo negativo que recibimos!

Mirando retrospectivamente, reconozco que la señora Johnson le dio a Fred un gran cofre de plata que él trajo a casa orgullosamente. Yo pude haberle dado otro, pero, en cambio, agarré el cofre de la señora Johnson y lo tiré dejando que se fuera a su cuarto con las manos vacías.

¿Hay alguien en su casa con las manos vacías? ¿Algún hijo ansioso por recibir una palabra amable y usted no esté dándosela? Alguien que viva con usted y tenga miedo de decirle que le hicieron un cumplido por temor a que usted le diga: "¡Bueno! ¡Tendrían que vivir contigo!" ¿Hay alguien a quien usted ama realmente que ni se atreve a mostrarle su cofre de plata porque sabe que usted lo patearía, lo destruiría o lo tiraría a la basura?

¡Cómo desearía poder redimir algunos cofres de plata de mi familia que de una u otra manera fueron reducidos a escombros! ¡Cómo me gustaría encontrarlos, pulirlos y ponerles un nuevo lazo encima!.

El ejemplo que di de arrebatarle a mi hijo su cofre fue motivo de muchas cartas con temas similares. Mary vino a un seminario donde yo disertaba sobre Regalos en cofres de plata. La noche anterior ella había estado compartiendo con sus amigas que tenía dificultades con su hijo John Richard de cinco años. Otras también comentaron sus luchas y se animaron con sus triunfos. El domingo, cuando estaba contando la respuesta dada a la "personalidad encantadora" de mi hijo, la amiga de Mary se le acercó para decirle: "Pobre John Richard" queriendo significar que la criatura iba a tener una vida difícil con ella como madre. Esas tres palabras fueron devastadoras para Mary y me escribió diciendo: 'Sentí que se me venía abajo todo lo que había construido y empecé a llorar. De hecho, tuve que abandonar la sala de lo herida que me sentía. Sus palabras me hicieron reaccionar. Hay palabras que matan'.

En un momento podemos estar en la nube nueve y momentos después, luego de unas pocas palabras, podemos sentirnos inútiles e insignificantes. El estuche de plata nos puede ser arrebatado antes que tengamos tiempo de decirle gracias al dador del mismo. El dolor es más intenso cuando la persona que desata el lazo es alguien a quien admiramos o respetamos. Cuando es mamá quien nos roba el cofre, podemos terminar sintiéndonos como que estamos envueltos en papel ordinario en busca del reluciente plateado por el resto de nuestra vida.

Greta me comentó acerca de un cofre especial que le diera su hermana como regalo de graduación. "El regalo de mi hermana era un turno en el salón de belleza para cortarme el pelo a la última moda. Cuando terminaron me vi tan bien que a duras penas podía esperar llegar a casa para mostrárselo a mi familia. Cuando llegué estaban cenando. Les pregunté: '¿Qué les parece mi nuevo corte de pelo?' Mi madre me miró y dijo: '¡Si alguna vez tuviste algo de belleza, la acabas de perder!'"

Greta quedó herida y desinflada. Nunca se había sentido amada y esto lo comprobaba. Toda su vida añoró tener un cofre de plata de su mamá, algo que la hiciera resplandecer, algo que la hiciera sentir especial. Finalmente, en los últimos días de vida de su madre, a los ochenta y tres años, le dijo a Greta que la quería.

Becky dice que ella no sabe contar bien los chistes. La gente acostumbraba reírse por sus historias divertidas, pero debido a un comentario de su madre creyó que se reían *de* ella y no con ella. Veinte años después, ella todavía recuerda como entretenía a la familia en las reuniones. Antes de terminar de contar una historia cómica su madre la criticaba por no articular bien o por reírse demasiado mientras hablaba. Becky dijo: "Un simple comentario de parte suya me hizo pensar inmediatamente: '¡oh, no, qué verguenza!' Fui una estúpida. Todo el mundo se rió de mí".

Al marido de Becky le llevó diez años reconstruirle su autoestima. La primera vez que se encontraron, él le dijo que era hermosa, una buena trabajadora, capaz, brillante y creativa.

Ella dice: "Todavía él continúa diciéndomelo y ya pasaron diez años. Y después de diez años, estoy empezando a ponerme de acuerdo con él". Cuando se quita un cofre de plata se necesitan varios más para llenar el vacío que queda. Gracias a Dios que el marido de Becky la ama tanto que siguió dándole cofres de plata en lo que parecía ser un barril sin fondo.

Cuando estaba en la secundaria, Marta era la mejor mecanógrafa de la escuela. Con su máquina de escribir mecánica, ella escribía a la asombrosa velocidad de 112 palabras por minuto sin error. La mandaron a un concurso y salió segunda. Otra estudiante con máquina eléctrica mecanografió seis palabras más que ella. Marta recuerda que estaba contenta con el segundo puesto. Cuando Marta le mostró orgullosa el premio a su madre, ésta le dijo: "Hubieras ganado si no fueras tan perezosa". No fueron más que diez palabras, pero Marta jamás volvió a escribir a máquina.

Hay madres que intencionalmente les dan a sus hijos cofres de plata con frecuencia para luego, de un plumazo, quitárselo con la próxima inspiración. Para algunas es como respirar. Exhalan y ofrecen un estuche de plata, inspiran y lo quitan dejando a sus hijos con los brazos extendidos y sin nada.

Aunque ese niño ahora sea un adulto, hay madres que creen que todavía deben corregirlo.

Desde que se puso en contacto con la historia de los cofres de plata, Wanda Mishler comenzó a notar que ella era una de esas que da y quita. Wanda me contó lo ocurrido en el primer sermón dado por su hijo. Cuando él terminó de predicar, le dijo lo bueno que había sido. Con la siguiente inspiración agregó: "Pero no dijiste el versículo que debíamos mirar".

Wanda continuó diciéndome: "Cuando vio a su esposa dijo: 'te dije que mi madre lo haría. Me dio el cofre de plata y luego me lo quitó'. Después le dijo a su esposa lo que yo había dicho. Agradezco que ella me lo haya venido a decir, porque estoy haciendo un gran esfuerzo por cambiar.

Pam posee buenos recuerdos del desfile de belleza en el cual resultó ganadora, aunque el cofre de plata conserva un gusto agridulce. Ella recuerda que el hecho que ganase fue especialmente emocionante para su familia. Debido a que pertenecía a una familia de clase social baja y sin instrucción académica, su triunfo les daba cierta respetabilidad en la comunidad. Terminado el desfile, la familia subió al escenario. Allí estaba también la hermanastra de Pam con su precioso bebé. (La hermanastra se había casado a los dieciséis años y tenido su bebé once meses después). Ese momento de júbilo fue empañado cuando su padrastro se dirigió a su hermanastra y le dijo: "¿Por qué tú no podías haber hecho algo bueno como esto?" Pam todavía conserva el cofre de plata en forma de trofeo, pero su brillo está opacado por ese comentario, que, aunque no provino de Pam, deterioró la relación de las hermanas.

Marta recuerda un día que salió de compras con su madre cuando tenía catorce años. Una vendedora le obsequió un hermoso cofre de plata con un lazo encima. La vendedora admiró lo bien que le quedaba el vestido que llevaba puesto y comentó que debería ser modelo. Le dio a Marta el nombre de la persona que se encargaba de eso en la tienda. Cuando terminaron de hacer las compras, Marta le preguntó emocionada a su madre: "¿Ahora podemos ir a la oficina?"

La madre le pinchó el globo al decirle: "¡Oh, Marta! Ella lo dijo nada más que para lograr la venta".

Le Anne tuvo un maestro en octavo grado que la hizo sentir especial. El ofreció a toda la clase un almuerzo gratis en la cafetería de la escuela, si sacaban solamente A en su clase.

LeAnne recuerda haber trabajado mucho para lograr esa calificación y cuando recibió sus calificaciones tenía A en todo y obtuvo su almuerzo gratis. Ella continuó trabajando con ahínco y cada vez que recibía sus calificaciones mensuales, obtenía el almuerzo gratis, hasta que se lo contó a su madre. La motivación para su dedicación fue arrebatada cuando su madre le prohibió volver a almorzar con el maestro. LeAnne me dijo: "Desde ese momento no tuve incentivo, no tuve una meta".

Alyson era la primer alumna femenina en su escuela secundaria candidata a presidenta del cuerpo de estudiantes. En su excitación, corrió al teléfono para llamar a su madre y darle la buena noticia. Al oír el triunfo de su hija, su madre comentó: "No permitas que se te suba a la cabeza". El cofre de plata de Alyson fue rápidamente arrebatado.

Querida Florence:

Verdaderamente he disfrutado su disertación de hoy de "Cofrecitos de Plata". Me señala que debo ser agradable con alguien. También, no dejo de preguntarme si existe alguna forma para que la gente no se robe el cofre de plata que uno acaba de recibir de alguien.

Gracias nuevamente

Vicki (15 años)

¿Se le puede poner un lazo nuevo a un cofre viejo? ¿Se le puede quitar la pelusa a la cinta deshilachada y quitar las marcas de las palabras que causaron daño?

Todos hemos oído el ejemplo de la almohada que se abre y las plumas se desparraman de tal forma que nunca se pueden volver a juntar. Nuestras palabras son como esas plumas. Jamás las podemos hacer volver. Una vez pronunciada ya no la recogemos. Por mucho que querramos, no nos podemos comer las palabras.

¿Entonces, debemos darnos por vencidos? ¿Creer que no hay esperanza? ¿Gritar: ¡pobre de mí!? ¿Vestirnos de cilicio y cenizas? ¿Prender velas? ¿Hacer penitencia?

El primer paso es reconocer que estamos destruyendo más cofres de plata que los que estamos dando. El estar conscientes del problema es un buen comienzo.

Lo próximo que debemos hacer es buscar en nuestro archivo mental aquellos puntos que hemos estado guardando en contra de otras personas. Haga esto en la intimidad y escriba todo lo que le venga a la mente. No quiera parar ese fluir diciéndose a usted mismo: "En realidad no lo quise decir de la manera que sonó. Escríbalo. Si no encuentra ningún comentario hiriente que haya dicho y no guarda rencor hacia nadie, entonces usted y sus amistades o son perfectos o niegan la realidad en extremo.

Cuando usted permite que estos pensamientos contenidos, puntos en contra y comentarios afloren a la superficie, quedará sorprendido al ver con qué rapidez usted se libera de ellos. Preséntеselos a Dios diciendo: "Señor, no me había dado cuenta que estaba guardando cada palabra desagradable que me han dicho. No sabía que para emparejar mi dolor había a mi vez dicho cosas malintencionadas a aquellos que me hirieron. Límpiame borrando ambos sentimientos y dame el deseo de ofrecerle a mi familia y amigos cofres de plata".

Emily, la hija de Sue, tenía siete años cuando su maestra acostumbraba elogiarla por su buen comportamiento. Un día en que Sue fue a recogerla la maestra le dio a Emily un cofre de plata. Dijo: "Emily es tan buena que podría ser la ciudadana del mes todos los meses".

Sue comentó: "Yo enseguida le arrebaté el cofre de plata diciendo: '¿Estamos hablando de la misma niña?' Parecía que Emily se sentía feliz y contenta cuando estaba lejos de nosotros y guardaba toda la 'fealdad' para la familia".

Sue continuó diciendo: "Emily trajo recientemente a casa una nota de la maestra junto a su boletín de calificaciones que decía: 'Verdaderamente, disfruto tanto la dulce y serena personalidad de Emily'. Esta vez me propuse no robarle a mi hija de siete años su cofre de plata. Le dimos gran trascendencia al comentario y la elogiamos sinceramente. Pasaron unas cuantas semanas desde que ocurrió este hecho y apenas hemos notado mal comportamiento en ella desde entonces".

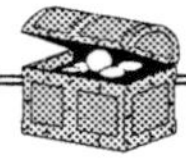

¿Es posible restablecer las relaciones? ¿Podemos poner un lazo nuevo en un papel viejo?

En junio de 1984 tenía programado hacer un viaje a Europa y Tierra Santa. Las iglesias que auspiciaban el viaje me pidieron que fuera con ellos y que hablara sobre las personalidades y aconsejara a quienes tuvieran necesidad. Me dijeron que podía llevar a una persona de acompañante. Si yo me pagaba el pasaje, ellos cubrirían el gasto de comida y el hotel. Naturalmente, le pregunté a mi marido pero él en ese momento no podía dejar la oficina por tres semanas. Pensé en Lauren. Con la energía que posee podríamos recorrer Europa sin perdernos nada. Iríamos a todos los museos, visitaríamos todas las catedrales y subiríamos a todas las torres y miradores. Pero Lauren tiene dos pequeños a quienes no puede dejar por tres semanas.

Mi mente saltó hacia Marita. Oh, cómo nos divertiríamos. Podríamos reírnos durante todo el viaje. Ella tiene la virtud de ver el lado jocoso de cada situación. Pero Marita hacía poquito que se había casado y yo no podia llevármela por tres semanas. Luego pensé en Fred, aunque sabía que el muchachito no querría venir. Recuerdo que oré: "Señor ¿debo preguntarle a Fred si quiere venir? El ni siquiera disfruta de mi compañía; ¿cómo podrá estar a mi lado tres semanas, sentados juntos en los aviones, trenes y autobuses y compartiendo la misma habitación todas las noches?"

Se lo comenté a mi hijo y se entusiasmó con la idea del viaje. Mientras hacíamos los preparativos le pedí al Señor que me diese una actitud positiva para no obligarlo a hacer cosas que no le gustaran, que yo pudiese adaptarme a su personalidad y no esperar que él se adaptara a mí. Yo era la adulta, era quien tenía el conocimiento de las personalidades y la sabiduría para modificar mis patrones y aceptar los suyos.

Mi marido habló con Fred y le explicó que él estaría a cargo de los boletos y el dinero. El debería ayudarme con los arreglos de los salones donde tuviese que disertar. Tendría que ocuparse que el equipaje estuviese listo a tiempo y tenía que "cuidar a su madre".

Fred hizo todo lo que se le pidió y más. Cuando cambiaba el dinero al entrar a un país yo lo dejaba actuar, sin controlar si lo había hecho bien. Durante esas tres semanas nuestra relación dejó de ser la de la madre que controla a su hijo pequeño para convertirse en una en la cual el joven varón resuelve las necesidades de su madre. Nos hicimos amigos.

El viaje no fue feliz automáticamente debido a nuestras diferentes personalidades. Mi fuerte naturaleza quería ver todo lo que se pudiese ver mientras que su mente melancólica quería estar tranquila y reflexionar. En una parada el guía anunció: "Vamos a visitar otra catedral".

Yo dije: "Fred, levántate, vamos a visitar otra catedral".

El contestó: 'No quiero ver otra catedral'.

En el pasado, yo hubiera dicho: "No te pregunté si querías ver otra catedral. Dije que te levantes del asiento y camines para la catedral. ¿No te das cuenta cuánto me cuesta traerte aquí y cuántas más catedrales conozcamos más barato me sale la visita a las catedrales per cápita?"

Afortunadamente, no lo dije. Lo dejé quedarse en el autobús y le traje folletos. Me di cuenta que mi hijo prefería mirar el techo del autobús que el de la Capilla Sixtina.

Cuando llegamos a los Alpes lo desperté y le dije: "Fred, mira para afuera. Estos son los Alpes".

Abrió los ojos, dio un vistazo desde el lado derecho pasando por el centro y terminando en el lado izquierdo y los volvió a cerrar. No podía creer que no estuviese excitado. Volví a decirle: "¡Estos son los **ALPES**!" Me contestó: 'Ya lo sé. Los acabo de ver'.¡Para mi hijo, si uno ve un Alpe los ha visto todos!

Un día cruzamos desde Jordania a Israel y la temperatura era excesivamente alta. Pasar por el puesto de control fue un largo proceso de revisión de maletas y examen de pasaportes con soldados de vigilancia armados. El calor en el estacionamiento era insufrible. Nos bajamos y nos apoyamos en un camión del ejército que estaba cerca. Yo estaba descompuesta y pensando en lo mal que me sentía me empecé a marear. Me deslicé lentamente por la parrilla del camión hacia el suelo de piedra. Luego Fred me dijo que me agarró y me levantó cuando vio que me desmayaba sin siquiera tocar el suelo. Me llevó hasta el autobús, me acostó en el asiento trasero y me apantalló hasta que el autobús tuvo autorización para seguir y comenzó a entrar un poco de aire por las ventanillas abiertas.

Había una muchacha joven en el grupo a quien le gustaba fotografiarme en posiciones poco convencionales. No me daba tiempo para darme vuelta y ponerme en pose. Me sacó una desde atrás cuando me agaché a beber agua. Un día se me acercó y me dijo: "Su hijo la quiere de verdad". Estaba complacida y casi no puedo aguantar para escuchar la lista con mis virtudes maternas que parecía estaba a punto de compartir conmigo. En vez de eso, ella dijo: "Ayer usted se quedó dormida en el autobús. Tenía la cabeza contra la ventanilla y la boca abierta; estaba muy cómica". No me gustaba mucho lo que estaba escuchando, pero ella continuó diciendo: "Yo estaba sentada del otro lado del pasillo y pensé en tomarle una fotografía. Enfoqué la cámara y justo cuando estaba por disparar, su hijo se puso delante. Le pregunté qué estaba haciendo y él me preguntó qué estaba haciendo yo. Le dije: le voy a tomar una fotografía a tu madre en esa posición tan cómica. El me miró fijo y me dijo: 'No, no le vas a tomar a mi madre ni una sola fotografía más, sin pedirle primero su permiso'". Ella bajó la voz para agregar: "Su hijo, verdaderamente, la ama".

Su historia no fue exactamente lo que yo esperaba pero qué gran lección aprendí: cuando la suerte está echada, mi muchacho está de mi lado.

La última noche de nuestro viaje, Fred y yo estábamos parados en el balcón del Jerusalem Hilton mirando esta antigua ciudad con sus resplandecientes luces y pintorescos edificios. En ese momento de tranquilidad, me pregunté cómo hubiera sido el viaje si hubiese venido Lauren. Seguramente estaríamos corriendo por las callejuelas para estar seguras que no nos perdíamos nada. Si Marita hubiese estado conmigo, seguramente estaríamos riéndonos de los lugares y la gente. Pero Fred y yo estábamos quietos. Luego de lo que me pareció una eternidad, Fred rompió el silencio diciendo: "Mamá, este ha sido el mejor viaje de mi vida".

—"¿Sí? ¿Por qué?"

—'Porque ha sido tan tranquilo y tú no me hiciste hablar. Tuve tiempo para pensar y desarrollar mi filosofía de la vida'.

¡Yo no sabía que él sabía lo que era la filosofía y que en todo ese tiempo había estado desarrollando una!

¡Loado sea el Señor que nos enseñó a ambos en ese viaje! Nos conocimos como amigos y yo aprendí que ya sea que duerma o me desmaye mi hijo velará por mí.

Después de oírme disertar sobre los estuches de plata, Evelyn Doyle, de ochenta y un años volvió a su casa y buscó un poema que había escrito. Me lo mandó para que yo lo disfrutara y también permitiera que otros lo hicieran.

PALABRERIAS

Mi boca se desborda...
   es un problema que hace tiempo
estoy manejando...
   cuando la humildad, la justicia, la amabilidad
y el amor son las características que yo anhelo.

Algo comienza a agitarse dentro de mí
   cuando comienza a venir un tema en verdad,
no puedo meramente sentarme
   y tranquilamente sostener mi taza.

Hay otras tazas que llenar, por lo tanto,
   salto rápidamente sobre mis pies
con muy poca persuasión,
   a la primera pausa que ocurre.

Extraigo, examino, explico y exhorto,
   se podría decir que monopolizo
hasta que el Señor en su misericordia
   me muestra un interés decreciente en mis ojos atentos.

La verbosidad puede ser un don,
  o una maldición.
Puede hacer de uno una estrella...
  o un taladro.

Depende quién la maneje y la riqueza de la erudición.
  Muy profundo en mi interior
no soy alguien con facilidad de palabra,
  para aporrear dragones, alimentar sueños
imposibles, o esgrimir palabras con el poder de matar.

Por lo tanto, cada día debe
  comenzar con meditación,
y pidiendo la guía del Señor,
  para que si hablar debo, y debo hablar,
que mis palabras sean de bendición.

Evelyn Meyer Doyle.

Pon guarda a mi boca, oh Jehová; guarda la puerta de mis labios.

(Salmo 141:3)

Cofres especiales

En la carta que Pablo le escribe a Timoteo, lo anima con palabras de estímulo y lo llama "hijo", una manera de expresarle lo especial que era para él. El diccionario define a la persona especial como única, individual, extraordinaria y de gran significación. ¿No nos agradaría ser especiales, de gran significación, aunque sólo sea a los ojos de una sola persona?

Cuando enseñaba lo especial que Timoteo era para Pablo, las reacciones de la gente fueron variadas. Aquellos que sabían que eran especiales para alguien cuando estaban formándose, eran positivamente sentimentales. Aquellos que jamás se sintieron especiales a la vista de alguien son tristes y, a veces, hasta lloran. Qué oportunidad tenemos para hacerles sentir a los demás que son especiales. Ya sea nuestro compañero, un padre, un hijo, un nieto, alguien en la iglesia o en el trabajo, qué bendición podremos ser para otros si los hacemos sentir especiales.

Bill Garrity vino a nuestra "Reunión de Hombres" donde escuchó a Fred y a Bob Barnes diciéndole a los hombres que hicieran cosas especiales para sus esposas, que las sorprendieran y que no permitieran que su matrimonio se convirtiera en una monótona y opaca existencia. El sábado por tarde, durante las dos horas de receso del seminario, Bill fue al centro comercial y compró bandas, flores, corazoncitos rojos, globos y los dulces preferidos de Ana. Cuando regresó al hotel colgó las bandas atravesando la habitación, pegó corazoncitos en los espejos, colocó flores sobre todas las mesas y los globos flotaban en todos los rincones. Al lado de los dulces puso una tarjeta romántica. Como hacía diecisiete años atrás le había dado a Ana el anillo de compromiso dentro de una caja de rositas de maíz, compró también una caja de rositas como para ponerle un toque de humor. Cuando Ana llegó al hotel para el banquete de la noche, Bill la recibió en un cuarto lleno de sorpresas. Cuando Ana me contó esta historia, estaba bañada en lágrimas —lágrimas de felicidad.

"El pudo haber pasado la tarde tranquilamente compartiendo con los otros hombres o durmiendo una siesta, pero en cambio, usó ese tiempo para decorar la habitación y levantarme el ánimo después de un largo día de trabajo".

Después de haber conversado con ambos acerca de su inusual experiencia en el hotel, ella dijo: "De todas las cosas que él ha hecho, ésta es la más divertida. Fue un cofre de plata con el lazo encima".

Tanta gente me ha mencionado el estímulo que reciben constantemente cuando releen los mensajes escritos, que me complació cuando Mónica Woof me dio su ejemplo.

Nació y se crió en Africa del Sur en un hogar cristiano. Creció al lado de padres muy positivos que siempre la hicieron sentir especial. Su madre, sanguínea, creaba un ambiente divertido en la casa y siempre tenía algo apropiado que decir en cada situación. Mónica escribió:

> Es interesante ver cómo los pequeños dichos escuchados en la niñez permanecen con uno. Siempre creí que mi madre era muy inteligente debido a que tenía una variedad de dichos para cada ocasión. Cuando fui más grande me di cuenta que usaba las Escrituras. Todos sus dichos eran Proverbios. Al criar a mis hijos me di cuenta con

> asombro con qué facilidad viene a mi mente el Proverbio exacto repetido tantas veces por mi madre.

La madre de Mónica le daba cofres de plata que ella pasaba automáticamente a otros. Imagínese lo difícil que fue para Mónica y su marido cuando once años atrás dejaron el cálido entorno familiar para mudarse a California. Al principio ella se encontró terriblemente sola sin el acostumbrado estímulo que recibía. De todas maneras, en un corto lapso encontró una iglesia donde había mucha gente herida. Necesitaban consejo, por lo tanto, estaba muy atareada ayudando y animando a la membresía. Debido a que ella siempre tenía una palabra animosa, la gente supuso que ella nunca necesitaba nada. Su ministerio consistía en dar sin recibir. Un día, cuando se sentía drenada de tanto aconsejamiento, le llegó por correo una nota de agradecimiento. Esto la alegró tanto que la guardó y la lee a menudo. Muy pronto comenzaron a llegarle más tarjetas con palabras especiales de estímulo. Mónica escribe:

> Muy pronto tuve una colección de tarjetas, por lo que decidí forrar algunas cajas de zapatos con papel decorativo ya que tarjetas tan especiales debían estar en cajas atractivas. Los días en que me siento abatida y necesito algún estímulo o simplemente quiero recordar a algún ser querido, no tengo más que sacar uno de mis cofres con los tesoros, tomar un manojo de tarjetas y leerlas. Me río y lloro, pero así me siento amada por uno de los hijos de Dios y saciadas mis necesidades.

¡Qué gran idea la de guardar la creciente colección de cofres de plata que serán nuestros tesoros!

Paula Allaire escribió acerca de su necesidad de sentirse especial. "Era muy difícil que mi madre me diera cofres de plata. De niña le rogaba silenciosamente en mi corazón que por favor me hablara, me tocara. Parecía que esa palabra o ese contacto jamás vendrían.

En los últimos años, siendo ya adulta, he recibido inesperados mensajes que, verdaderamente, me tocaron y alentaron. Quería tener estas notas cerca para releerlas cuando las necesitara. Las puse en mi Biblia para que fueran a todas partes conmigo, pero se caían. Temiendo perder esas "palabras especiales" que tanto necesitaba, las coloqué en un sobre de papel manila de cinco pulgadas por siete y lo pegué en la contratapa de mi Biblia. Ahora, cada vez que necesito un cofre de plata, abro la Biblia y ahí están, esperándome, listas para animarme y ayudarme a seguir adelante".

La última Navidad les regalé a mis tres nietos anotadores especiales. Coloqué en el frente de cada anotador un bolsillo para que ellos pudiesen guardar las notas y tarjetas que yo les enviara. También les escribí una carta a cada uno diciéndoles lo que sentí la primera vez que los vi, a los pocos instantes de nacidos. Les describí cómo eran, y en el caso de Jonathan, le relaté todos los contratiempos que tuve para llegar al hospital antes que naciera. (Aunque esos incidentes no fueron placenteros en ese momento, mirándolo retrospectivamente, fueron cómicos).

También incluí historias personales sobre ellos. Cada escrito está lleno de cofres de plata y elogios para que ellos lo lean cada vez que su autoestima necesite una carga de energía. Jonathan me pregunta: "Abuelita, ¿me leerías el libro que escribiste sobre mí?

El pequeño Bryan, de sólo tres años me toma de la mano y me muestra su libro especial. Lo abre y señala la foto en donde estoy teniéndolo en brazos de recién nacido. "Esos somos tú y yo cuando yo era bebito".

Para aquellos abuelos que quieran estar seguros que sus nietos guarden las palabras de estímulo que les mandan, provéanlos de un cofre, sobres de papel manila o un álbum de recortes que pueda usarse para que conserven sus recuerdos. Cuando estén disgustados y sus cielos estén empañados de nubes, ellos sabrán dónde ir a buscar sus propios cofres de plata.

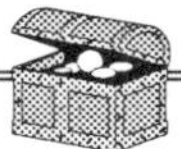

Desde un principio a mi primer nieto lo llamé Randy, mi muchacho especial. El sabe que su abuelita lo quiere. Cuando estaba en kindergarten, un día fui a recogerlo y la maestra le preguntó si quería presentarme. Me tomó de la mano y me condujo hasta el círculo de niños que estaban sentados en el suelo y dijo: "Esta es mi abuelita y yo soy su muchacho especial".

¡Qué bendición para mí fue su comentario y qué contenta estoy que Randy sepa que es especial! He recibido tantas cartas contándome la cantidad de niños que no han sido alentados por nadie que sé la importancia que tiene para nosotros, los abuelos, decirles palabras positivas a los pequeñitos.

Randy tiene una hermosa piel que se broncea con facilidad. Con frecuencia le acaricio las mejillas diciéndole: "Tu piel es como el terciopelo". Un día, la maestra les hizo hacer un trabajo sobre sí mismo y una de las preguntas era ¿qué es lo que más te gusta de ti mismo? Randy contestó: "Mi piel". La maestra jamás había recibido una respuesta semejante. Cuando mi hija me lo contó, me di cuenta la importancia que tiene el reforzar a los pequeños de cualquier manera que podamos hacerlo. Cuando a Randy le hicieron esa pregunta, lo primero que le vino a la mente fueron mis palabras, que su piel era de terciopelo.

¿Cómo puede saber un chico que tiene piel suave, ojos brillantes o hermosos cabellos? ¿Qué piensa un chico de sí mismo si no se siente especial de alguna forma?

Cuando Scott, el hijo de Judi Resha estaba en preescolar era el más pequeño de todos. Todos le tomaban el pelo debido a su tamaño.

"Eres demasiado pequeño para estar con nosotros. ¿Por qué estás en esta clase? Deberías tener un año más". La maestra vio el sufrimiento reflejado en su rostro y dijo delante de toda la clase: "Scott es el muchacho más agradable y amoroso de nuestra clase y quiero que todos sepan que las cosas especiales vienen en envoltorios chicos". Judi escuchó esto y vio como los otros niños sonreían con aceptación. A medida que cursaba sus estudios, Scott tuvo que escuchar con frecuencia las burlas de sus compañeros debido a su altura, pero ha podido contestar que las cosas especiales vienen en envoltorios chicos. ¡Qué bendición fue esta maestra para Scott que pudo cambiar una situación negativa en una positiva haciéndolo sentir especial!

Bonnie me escribió diciendo que en su primer día de clases en primer grado su madre le dio unas nalgadas frente a toda la clase. No se acuerda por qué; solamente recuerda cómo se sintió. Estaba convencida que todos la odiaban y se sentía terriblemente avergonzada. La maestra la consoló y al día siguiente la invitó a tomar el té, las dos solas. Bonnie escribió:

> Ella me demostró que yo era especial. Seguimos así por una semana. El resto de la clase envidiaba nuestro encuentro para tomar el té. Después de esa semana ella me sugirió que invitara a alguien de la clase a tomar el té con nosotras. Cada día fuimos agregando un compañero hasta que la clase completa quedó incluida. Las reuniones de té se acabaron y yo me hice amiga de todos y fui adquiriendo confianza. Actualmente enseño en cuarto grado y trato de que cada niño se sienta especial.

Diana Williams mira hacia su niñez y ve una chiquita abandonada de personalidad melancólica y poca autoestima. Una de sus tías se encargó de hacerla sentir especial. Le hacía cumplidos, le enseñó a no confiar en los extraños, fue amable y cariñosa y buena para hacer representaciones. Para una niña que se sentía de poco valor, la dedicación de esta tía marcó una notable diferencia en su vida.

Diana dice: "Hasta el día de hoy en que tengo cuarenta y tres años, no puedo esperar para hablarle a mi tía, que vive a casi mil millas de distancia. Sé que volveré a escuchar lo especial que soy. Debido a su confianza en mí, siempre traté de vivir de acuerdo a sus expectativas".

Alguno de nosotros, padres, abuelos, tíos y maestros, no nos damos cuenta del valor de la palabra de estímulo o de la desesperada necesidad de un niño de sentirse especial en su problemático mundo.

Al finalizar un servicio religioso en el que hablé de los cofres de plata, una abuela se me acercó para decirme que se había sentido con demasiada carga por el cuidado de sus tres nietos menores de cuatro años. Ella no se había dado cuenta que el resentimiento que sentía hacia su hija lo estaba descargando en los chicos diciéndoles cosas hirientes. Aunque no se los puede culpar de su desafortunada situación, eran los niños quienes recibían el castigo. Esta abuela me dijo que no se había percatado del daño que les estaba causando a los pequeños hablándoles negativamente con respecto a ellos mismos y a su madre. Después de escuchar el mensaje de Cofres de Plata dijo que iba a cambiar su actitud y a controlar sus palabras. El darse cuenta del valor de las palabras de estímulo en la vida de un niño, la ayudó a ver la gran responsabilidad que tenía en las manos.

Para cualquiera de nosotros, no importa en qué tramo de la vida nos encontremos, existe la responsabilidad de hacer sentir a los demás especiales. Puede que seamos la única persona que pueda darle a otra persona un muy necesario cofre de plata con un lazo encima.

La congoja en el corazón del hombre lo abate; mas la buena palabra lo alegra

(Proverbios 12:25).

Un cofre de paz

Fred y yo éramos buenos cristianos, el típico matrimonio estadounidense de los años '50'. Siempre habíamos vivido vidas ejemplares siendo modelo de ciudadanos, presidentes de cualquier cosa que caía en nuestras manos y miembros regulares de la iglesia. Habíamos construido una gran casa, manejado autos grandes y alcanzado grandes éxitos. Luego de hacer todo sistemáticamente bien, tuve a mis dos hijos, uno detrás del otro y ambos nacieron con un daño fatal al cerebro. No podíamos creer que algo así le pudiera ocurrir a gente buena. Si existía un Dios, ¿cómo podía ser que El permitiera que una doble tragedia cayera sobre gente consagrada al trabajo y con una actitud mental positiva como nosotros?

Desilusionados y abatidos, abandonamos la iglesia y pusimos nuestra imagen de Dios en una caja sobre un estante para ser abierta en alguna fecha futura si nuestros hijos eran sanados o cambiaba nuestra suerte. Dejamos de ir a la iglesia y daba la impresión que a nadie le importaba nuestra tragedia. Parecía que todo el mundo estaba demasiado abstraído en su propio mundo. Aquellos con quienes hablábamos evitaban tocar el tema de nuestros agonizantes muchachos. Se suponía que en los años 50, las cosas malas no le pasaban a la gente buena. Aquellos eran los "Días Felices" y el mero vislumbre de un error llevaba a la gente a mirar en dirección opuesta. Todos estaban ocupados persiguiendo arco iris y el Dios de los 50' era un benefactor listo a derramar una lluvia de prosperidad, paz y regalos sobre los buscadores de éxito allá abajo. Cuando por alguna razón teníamos un problema que El no solucionaba lo abandonábamos, lo metíamos en una caja, lo atábamos bien fuerte, lo colocábamos fuera de la vista y decíamos: desde ahora, yo manejaré mi vida. La revista *Time* proclamó "Dios está muerto" y nosotros lo creímos.

Fred y yo hicimos la única cosa que sabíamos que se podía hacer ante el dolor: dejar atrás los recuerdos, hacer como que el hecho nunca ocurrió y seguir adelante con la vida. Volví a mi trabajo teatral y Fred se sumergió todo el día en sus restaurantes y por las noches en sus clubes nocturnos hasta las primeras horas de la mañana. La negación de la muerte nos separó emocionalmente y nuestro desentendimiento y depresión nos distanció físicamente al uno del otro. Estábamos mentalmente divorciados intentando construir vidas separadas por nuestra propia fuerza.

Ambos estábamos espiritualmente vacíos y nos sentíamos culpables por haber abandonado la iglesia y nuestra percepción de Dios. Un día, en un almuerzo en el club de mujeres cristianas escuché un mensaje que tocó mi endurecido corazón. Los versículos que usó el conferencista fueron: "Así que, hermanos, os ruego por las misericordias de Dios, que presentéis vuestros cuerpos en sacrificio vivo, santo, agradable a Dios, que es vuestro culto racional. No os conforméis a este siglo, sino transformaos por medio de la renovación de vuestro entendimiento, para que comprobéis cuál sea la buena voluntad de Dios, agradable y perfecta" (Romanos 12:1-2).

Por primera vez comprendí el concepto de que mi relación con Dios debía ser más personal y no tan solo esperar que El me diera grandes bonos porque yo jugaba muy bien el juego de la vida. Debía entregarme al Señor, darle mi vida, llegar a ser un estuche de plata coronado por el arco iris. Y yo era la única que podía entregarle mi vida al Señor. Era un paso de fe en acción. No tenía derecho a poner a Dios a un lado e ignorarlo. Debía, en cambio, ofrecer mi vida en sacrificio vivo, abandonando completamente mis ansiosos planes y ambiciones.

Como explicara el disertante, este era un acto razonado y que Dios me aceptaría como era. No tenía que decir que lo lamentaba, no tenía que prometer que iría a la iglesia, no tenía que convertirme en una persona diferente. Solamente tenía que entregarle mi vida al Señor y permitir que El me transformara. Ni siquiera tenía que tomar un curso.

El disertante preguntó si alguna de las presentes se había conformado a los modelos del mundo y estaba insatisfecha con los resultados. Yo era el típico caso. Había dado todos los pasos para llegar al éxito y lo que había logrado eran dos hijos muertos y un matrimonio agonizante.

"Pero hay esperanza" —dijo él con amorosa confianza—. "Podemos dejar de conformarnos con este mundo y permitir que Dios transforme nuestras mentes y renueve nuestro espíritu". Yo sabía que necesitaba espíritu y mente nuevas, así que oré con ese hombre. Y por primera vez le entregué mi vida al Señor, llegué a ser un regalo, una ofrenda a Dios.

Alguno de ustedes puede que se encuentre en dificultades extremas. Puede que se pregunte por qué, teniendo tan alta esperanza en la vida se encuentre en la situación en la que se encuentra hoy día. Alguno de ustedes ha estado leyendo este libro buscando alguna palabra de estímulo, buscando la luz, rogando por un cofrecito de plata con un lazo encima.

Sé cómo se siente porque yo pasé por ahí: buscando, golpeando, llamando. Jesús dice que El nos ve cuando estamos desesperados, que El golpea a la puerta y cuando nosotros abrimos, El entra. (Apocalipsis 3:20). Pero nosotros debemos dar el primer paso. Debemos darle nuestra vida a El.

Imagínese a usted mismo como un cofre de regalo vacío. Allí no hay nada de valor; sólo papel y una cinta arrugada. Ahora envuelva la cofre con papel plateado, póngale un lazo encima y entréguese al Señor Jesús. "Aquí estoy, Señor. Extiende tu mano y tómame. Estoy envuelto en decorativo papel, brillante. Soy un sacrificio vivo, un regalo".

Déle hoy mismo su vida a Jesús. Porque El es el camino, la verdad y la vida.

Dios el Padre sabe lo que significa darse sacrificatoriamente. El nos ama tanto a usted y a mí que dio a su único Hijo para que creamos en El y tengamos vida eterna (Juan 3:16). Cuando nos rendimos, El no nos deja como un regalo sin abrir, El abre nuevas posibilidades en nuestra personalidad y nos da un extenso plan de beneficios.

El regalo de Dios es vida eterna para todos nosotros (Romanos 6:23) y El promete que a todos los que creen en El y reciben su regalo, les da la potestad de ser sus hijos (Juan 1:12) y agrega la paz de Dios que sobrepasa todo entendimiento (Filipenses 4:7)

Usted y yo debemos dar el primer paso para entregar nuestras vidas al Señor. Si usted nunca lo ha hecho, ore conmigo ahora:

> Señor Jesús, hoy te ofrezco mi vida. Quiero ser de olor dulce, fragante. Rindo el control de mi vida a Ti sabiendo que Tú me recibes tal cual soy. Tú has prometido darme paz, poder y vida eterna si tan sólo acepto tu regalo. Yo recibo tu bendición ahora y te doy gracias por lo que vas a hacer en mi corazón, mi alma y mi espíritu desde este día en adelante. Amén.

Una vez que haya ofrecido su vida al Señor y recibido su regalo, puede comenzar a entender el plan para su vida. Puede que no sea el que usted tiene en mente, puede que no incluya riquezas y éxitos mundanos, pero le dará paz mental, el poder de sobreponerse a sus circunstancias y la seguridad de la vida eterna.

Escribe Karen:

> Mi madre tenía dieciséis años cuando decidió casarse con mi padre, pero la única manera de hacerlo era quedando embarazada. Así que yo fui el resultado de un

matrimonio forzado. Mamá tenía dieciséis y papá veintitrés. El llevaba una vida alocada, autos rápidos, mujeres ligeras y bebida. El no me quería, como tampoco me quería mi madre. Ella sólo quería a mi padre. Entre peleas, golpes y mudanzas de aquí para allá, nacieron mis dos hermanos. Mamá estaba siempre escapando y papá saliendo con una y con otra. El me echó la culpa por no poder deshacerse de mi madre. A la larga se divorciaron.

Luego mamá anduvo por ahí hasta que encontró a su esposo número 2 quien tenía cuatro hijos. Yo era la mayor de los siete chicos y tuve que asumir mucha responsabilidad. Cuando estaba en octavo grado mi padrastro intentó meterse en mi cama. Una de esa noches mi madre lo pescó y me mandó a vivir con mi padre, su novia y sus hijos. Papá integraba una pandilla de motociclistas y su novia era adicta a la heroína. Papá me hacía salir con alguno de sus "amigos". En décimo grado, haciendo las compras de Navidad con una amiga, un oficial de policía dijo que estábamos portando drogas (cosa que no era cierta) y tuvimos que hacer lo que él y su compañero quisieron. Fue horrible y aún no sé cómo llegamos a casa; una casa donde a nadie le preocupaba lo que pasaba.

Mi vida continuó así hasta que me encontré con Jesús. El me perdonó y me ayudó a perdonar a mis padres. Pero yo no podía perdonarme a mí misma y creía que no valía nada hasta que la conocí a usted y a Lana Bateman en 1987. Ambas me ayudaron a darme cuenta que yo era valiosa para Dios y que era necesario que me perdonara a mí misma y supiera que tenía un propósito en esta vida.

Ahora estoy casada con un buen hombre y tengo dos preciosos hijos. Soy activa en mi iglesia, enseño en la escuela dominical a niñas de tercero y cuarto grado. Siento no poder aprender todo del Señor y la Biblia. Han sido usted y Lana quienes me ayudaron a romper con las

> ataduras del pasado y usted quien con sus palabras de estímulo y sus libros me ha ayudado a no salirme del camino del Señor. Cuando Satanás pone en práctica sus habilidades, sé que el Señor me sostiene y puedo reprenderlo en Su nombre. Siempre la recuerdo y no me olvido de sus palabras de aliento.

Cuando Fred y yo le entregamos nuestras vidas incondicionalmente al Señor, El nos sacó de la casa donde la sombría nube de muerte deambulaba de cuarto en cuarto. El nos dio un nuevo comienzo. Al principio, nos colocó en un espacio tan reducido que nos pareció que estábamos retrocediendo, pero fue en la Cabaña Uno de Cruzada para Cristo donde nos unificamos como familia cristiana. Allí comenzamos a estudiar la palabra de Dios, a tener un tiempo de oración en familia y a enseñar la Biblia en nuestro pequeño hogar. Como quiera que sea, no habiendo suficiente espacio para mudarlos a todos ustedes a la Cabaña Uno y siendo Dios muy original como para hacerlos pasar por el mismo proceso por el que nos condujo a nosotros, sepa que El tiene un plan específico y a su medida.

Por lo tanto, envuélvanse en atractivo papel de regalo y "presente su cuerpo en sacrificio vivo, santo, agradable al Señor, que es vuestro culto racional" (Romanos 12:1). El transformará su mente y le dará un regalo en retribución, un cofre repleto de paz y poder atado con cintas de amor y una tarjeta diciendo: "el regalo de Dios es vida eterna". Reciba el regalo como un gran cofre de plata con un lazo encima.

Haceos tesoros en los cielos, donde ni la polilla ni el orín corrompen y donde ladrones no minan y ni hurtan. Porque donde esté vuestro tesoro, allí estará también vuestro corazón.

(Mateo 6:20-21)

Cofres de seguridad

El apóstol Pablo jamás tomó cursos de persuasión o asistió a algún seminario de motivación. El nunca leyó *Cómo ganar amigos e influenciar en la gente* o vio películas de *The Seeds of Greatness*. No era físicamente atractivo, tenía un "aguijón en la carne", no manejó ningún vehículo por los alrededores de Roma y no se peinaba a la última moda. Una persona tan poco sofisticada ¿cómo pudo mantener su popularidad de escritor durante casi dos mil años? Porque él sabía el secreto de dar palabras de estímulo a quien las necesitaba. El llevaba una bolsa con cofres de plata a cualquier lugar que iba. Aun estando en la cárcel, él mandaba mensajes de esperanza y alegría hacia el exterior.

Entonces, saliendo de la cárcel, entraron en casa de Lidia y habiendo visto a los hermanos, los consolaron y se fueron (Hechos 16:40).

Después que cesó el alboroto, llamó Pablo a los discípulos y habiéndolos exhortado y abrazado se despidió y salió para ir a Macedonia (Hechos 20:1).

Cuando Pablo enseñaba acerca de los dones espirituales, los animaba diciéndoles que todos los creyentes poseen al menos un don para ser usado en la edificación del cuerpo. Aunque algunos son más evidentes que otros. Dios nos ha dado diferentes capacidades según lo que El ha querido darle a cada uno. Debemos usar bien esas capacidades. Si Dios nos ha dado el don de comunicar mensajes recibidos de El, debemos hacerlo según la fe que tenemos; si nos ha dado la capacidad de servir a otros, debemos servir bien. El que sepa enseñar, debe dedicarse a la enseñanza; el que sepa animar a otros, debe dedicarse a hacerlo. El que da, debe hacerlo sin interés propio. El que dirige, debe hacerlo con todo cuidado; el que ayuda a los necesitados, debe hacerlo con alegría (Romanos 12:6-8).

Animar a los demás es un don muy importante debido a los resultados que se obtienen al elevar el espíritu e incrementar la autoestima y la esperanza en el futuro. Pablo sabía que el carisma personal, el atractivo y la educación no servían de nada si la persona no era usada por el Señor para estimular a otros. Repasando su propio ministerio al escribirle a los hermanos de Tesalónica dice: "Así como también sabéis de qué modo, como el padre a sus hijos, exhortábamos y consolábamos a cada uno de vosotros, y os encargábamos que anduvieseis como es digno de Dios, que os llamó a su reino y gloria" (1 Tesalonicenses 2:11-12).

Cada carta, cada mensaje que Pablo escribió incluía alguna palabra de estímulo.

Fue en el otoño de 1980 que el Señor usó una de las palabras de estímulo dada a Timoteo para comenzar conmigo el ministerio de alentar a otros. Durante los diez años previos mi ministerio había consistido en dar estudios bíblicos y mi testimonio en clubes de mujeres cristianas, más las conferencias alrededor del país y la producción literaria. Nadie me había enseñado cómo hacerlo y aprendí de la manera más difícil, por medio de la experiencia. Finalmente, todos los años de trabajo comenzaron a dar fruto y sentí que el Señor me llamaba a compartir lo que había aprendido con conferencistas principiantes y posibles escritores. No tenía tiempo para escribir un curso y no creía que alguien estuviera dispuesto a ser entrenado. Oré pidiendo la guía del Señor y fui movida a invitar a cuarenta personas a un seminario que todavía no había preparado para ver cuál podía ser la respuesta. En poco tiempo obtuve treinta y cinco contestaciones, lo que me llevó a escribir lo que después fue CLASS, Líderes Cristianos y Seminario para Conferencistas.

Al mismo tiempo, el Señor me dio un versículo confirmando mi llamado al ministerio de incentivamiento. Pablo escribió ese versículo, junto a otros más, para animar al joven Timoteo. Pablo había enviado a Timoteo fuera de Efeso para supervisar algunas iglesias inexpertas que no lo recibieron con los brazos abiertos. Los viejos pastores se resistían a que el joven llegara como "superintendente de distrito" y Timoteo estaba a punto de abandonar todo y volverse a casa. Pablo le dio un plan a Timoteo mostrándole cómo podría encarar su trabajo de preparar a otros para hablar y enseñar en su lugar. Al estudiar este versículo me di cuenta qué bien se aplicaba para mí en ese momento, y sigue hasta el día de hoy, al desear compartir con otros lo que aprendo.

Pablo le escribió a Timoteo: "Lo que has oído de mí ante muchos testigos, esto encarga a hombres fieles que sean idóneos para enseñar también a otros" (2 Timoteo 2:2).

Aplicando esto a mí misma, asumí que había recibido muchas instrucciones básicas para disertar y enseñar. Comenzando por el estímulo de mi padre para que memorizara versos y poemas desde que era muy pequeña, continué tomando clases de declamación y ganando un concurso en lectura de poemas en la escuela secundaria. En el último año de secundaria integré el grupo de teatro y fui asistente del director. En la universidad dirigí el elenco teatral en la mayoría de las comedias musicales, fui ayudante del director de música, resulté ganadora del Congreso Modelo de Nueva Inglaterra presentando una alocución política, el más alto debate femenino y fui la única elegida para hacer trabajos especiales en disertaciones.

Me gradué en inglés, conversación y educación siendo maestra en los niveles secundario y universitario. He ocupado puestos directivos en diferentes organizaciones llegando a ser una conferencista cristiana y autora de libros. He trabajado arduamente para adquirir conocimiento y experiencia y estoy dispuesta a compartir la "instrucción" recibida de Pablo junto a las recibidas por una gran hueste de maestros, pastores, instructores, directores y todos aquellos que me alentaron a lo largo del camino.

De acuerdo a Pablo, debo transferir la "instrucción" recibida, sacarla de mi boca y de mi mente para que llegue a oídos de otros. Debo "guardarlo" como "en un depósito". Obviamente, así como no tiramos dinero dentro de un tacho de basura, tampoco debemos arrojar la instrucción al viento, debe ser confiada a aquellos que la usarán de manera positiva. Deben ser como un depósito en el banco, ponerlo en esa cuenta con la esperanza que en un futuro, si las cosas van bien, tendremos intereses. Todos deseamos que nuestro tesoro esté en una "caja de seguridad" en manos de gente confiable y leal. No le daríamos nuestro dinero a cualquiera que ande por ahí pensando que lo pondría en nuestra cuenta. Se lo daríamos al cajero, a una persona de confianza, a alguien leal y confiable. Así debe ser con nuestra instrucción. Se le debe dar a gente que quiere aprender, que sea apta para recibir lo queremos decir y con quién se pueda contar para que use la información con sabiduría.

El propósito de tomar el tiempo y hacer el esfuerzo de transmitir sabiamente el depósito a la mente de aquellos que están ansiosos por aprender es para que puedan llegar a ser competentes y calificados para transmitírselo a otros. Cuanto antes Timoteo pasara la instrucción antes estaría de regreso a casa. Para mí, cuanto más gente entreno para disertar, enseñar, aconsejar y escribir, más se multiplica el ministerio que el Señor me ha dado.

Luego de un largo día de seminario estaba en una cafetería compartiendo con un grupo de universitarios. Un joven me preguntó:

"¿Cuánto hace que escribe libros?"

'Diez años', respondí.

Me miró como quien mira a una santa ancianita y me dijo: "¿Por qué esperó tanto para empezar?"

Desde su joven perspectiva, parecía como que yo había derrochado mi vida casi hasta la edad senil, y que, verdaderamente, era un milagro que el Señor redimiera mi talento antes de ser demasiado vieja como para poder usarlo. Yo jamás me había visto a mí misma desde su punto de vista, pero, al contestarle, recordé que cuando era estudiante universitaria todos los que pasaban los cuarenta, para mí, estaban listos para jubilarse.

¿Por qué había esperado tanto para escribir? La pregunta de este joven me hizo reflexionar sobre mi vida para encontrar el hilo que unía todos los acontecimientos. Le dije que toda mi vida había sido una preparación para estar lista para escribir. Ejercitando la memoria en mi niñez, luego las obras de teatro, el entrenamiento en dramatización y disertaciones en la universidad, el enseñar inglés y conversación, la pérdida de mis hijos, mi compromiso cristiano, la enseñanza de la Biblia, mi ministerio dando conferencias. Todos estos acontecimientos me habían llevado a ponerlos por escrito, y luego enseñarles a otros cómo hacerlo.

Estoy segura que le di una respuesta mucho más completa de la que esperaba, pero su pregunta provocativa me hizo reflexionar sobre toda mi vida pasada.

¿Por qué esperé tanto para empezar a escribir? Me llevó todo ese tiempo superar mis traumas y tragedias, estudiar, enseñar y memorizar la palabra de Dios. Necesité tiempo para evaluar los resultados de mis soluciones aplicadas a los conflictos matrimoniales, depresión y dolor. Me llevó tiempo darme cuenta que mis heridas y triunfos podían ser útiles para darle esperanza a otros. Toda mi vida había sido un campo de experimentación para el servicio cristiano. Nuestras dificultades nos hacen compasivos ante el sufrimiento y los corazones heridos. Mi amor por la enseñanza y mi experiencia en comunicación me dieron las herramientas para mi ministerio.

Mi trasfondo en gramática me permite redactar con naturalidad lo que expreso con palabras. He tenido cincuenta años de educación experimental como preparación.

Oswald Chambers en su libro *My Utmost for His Highest* escribió: "Cuando Dios habla, muchos estamos como en la neblina, no respondemos... Esté alerta a la inesperada visita de Dios. Una persona preparada no necesita alistarse. ¡Piense en el tiempo que perdemos tratando de prepararnos cuando Dios nos llama a servirle!"

Una vez que comprendí que Dios puede tomar una vida y usarla para bendecir a otros, quise ayudar a otros a que estuvieran listos. Quise mostrarles a las mujeres cristianas que Dios podía hacer un ministerio con sus vidas y usarlas para consolar e instruir en aquellas áreas donde ellas habían logrado la victoria. Nunca me imaginé en 1980 que este ministerio me llevaría a entrenar pastores.

El programa del seminario incluyó el testimonio de mi propia experiencia de vida, entrenando y mostrándole a otros cómo estar listos para el llamado de Dios, basado en 2 Timoteo 2:2. Constantemente me asombro al ver cuán rápido Dios unge a sus siervos cuando ellos están preparados.

Marilyn Heavilin vino a nuestro programa un año y medio antes de la muerte de su hijo por culpa de un conductor alcohólico. Aun en medio del sufrimiento, ella no creía que Dios pudiera usarla de alguna manera. Cuando oí cómo ella había manejado la pérdida de su hijo y el juicio que originó el accidente, le pedí que contara su historia en una conferencia.

Al poco tiempo Marilyn comenzó a dar charlas en las ecuelas a los estudiantes de secundaria en nombre de MADD (madres contra conductores ebrios) explicando las consecuencias trágicas de conducir bajo los efectos del alcohol. Luego siguieron invitaciones de The Compassionate Friends, un grupo de autoapoyo de padres desahuciados para hablar en su convención nacional. En cuatro años la vida de Marilyn dejó de ser la de una madre sufriente para convertirse en una escritora de cuatro libros y ser invitada a programas nacionales de televisión y radio. A los cincuenta y un años ella ha comenzado una vida totalmente nueva con el propósito de consolar a otros, simplemente porque estaba lista cuando vino el llamado de Dios.

Georgia Venard, asistente al seminario, enfermera y ex adicta al consumo de drogas, se disgustó cuando en su iglesia le dijeron que no mencionara su problemma de drogas para no hacerlos quedar mal, aunque algunos miembros de la iglesia habían buscado secretamente su ayuda. La animé para escribir su testimonio y leerlo en una conferencia. Georgia, ahora alrededor de los cuarenta, diserta con frecuencia, aconseja permanentemente, pertenece a nuestro plantel, y muy pronto va a escribir un libro sobre cómo el cristiano puede vencer la adicción.

Patsy Clairmont se escapó de la casa a los quince años sin terminar la secundaria hasta que cumplió cuarenta años. Debido a la falta de educación y a sus sentimientos de inseguridad, no podía imaginarse que Dios pudiera usarla en gran manera. Cuando la conocí en un retiro de mujeres, quedé magnetizada por la dinámica presentación de libros que tuvo a su cargo y su vigorosa personalidad. La invité a nuestro seminario y quedé impresionada por el conocimiento que tenía de la Escritura, su gran sentido del humor y su testimonio al vencer la agorafobia, el miedo a los espacios abiertos. Ella llevaba a la audiencia de la risa a las lágrimas en un segundo. En mi opinión, ella es actualmente la conferencista más dinámica del país. Patsy se acercó a mí con un corazón dispuesto a aprender, y ahora, con más de cuarenta años, dirige seminarios y tiene un contrato para escribir un libro que estimule a aquellas mujeres que se sientan inseguras y faltas de preparación para estar listas cuando Dios las llame sorpresivamente.

Bonnie Green, esposa de John Green, compositor y ganador de cinco Oscar, ha estado activa por varios años en la comunidad de Hollywood. Me invitó para hablarle a un reducido número de sus amistades en su casa. Cuando escuché la historia de su vida, la invité a venir a una de nuestras reuniones de CLASS con algunas de sus amigas. Todas eran mujeres cristianas rondando la mediana edad que no se sentían cómodas dando su testimonio. Bonnie se dio cuenta cuántas mujeres estaban sufriendo silenciosamente debido a la infidelidad en sus matrimonios y quiso ayudarlas compartiendo los pasos que la ayudaron a ella a sanar sus emociones. Actualmente, Bonnie tiene un grupo semanal de oración y está escribiendo la historia de su vida.

¿Y usted? ¿Ha sentido que es muy vieja o muy joven para que el Señor la use? ¿Ha pensado que no tiene la instrucción o la trayectoria requerida para hablar, enseñar, aconsejar o escribir? ¿Alguna persona la ha desalentado tirándole abajo su entusiasmo? ¿No se ha dado cuenta que su experiencia de vida y la palabra de Dios le proveen las bases para su ministerio?

Deténgase a evaluar su vida. ¿Ha habido intereses afines o talentos que usted haya pasado por alto?

¿Ha notado que Dios puede hacer uso de cualquier vasija disponible que se deje llenar con su poder y con su espíritu? ¿Ha notado que la palabra de Dios dice que usted debe consolar a otros de la misma manera que Dios lo consuela a usted? No espere más. Pregúntele a Dios hoy mismo hacia dónde quiere que usted vaya y qué quiere que haga. Qué vergonzoso sería que El lo llamara y usted respondiera: "Señor, espera un poco, todavía no estoy listo".

Los días son cortos, los tiempos son peligrosos, la gente está herida. Esté preparado para el llamado de Dios.

¿Por qué esperé tanto para empezar? Creo que me llevó mucho tiempo prepararme, pero ahora que Dios me está usando para preparar a otros, quiero animarlo a que se mueva. Mi cofre de plata para usted es que abra los ojos a sus vidas.

No dejo de asombrarme al ver como Dios obra con CLASS. Cuando comenzó, el objetivo era enseñarle a las mujeres a dar conferencias. Aunque esa sigue siendo la meta principal, Dios ha extendido nuestro horizonte mucho más lejos. Para algunas, como Dolores, quien asistió a CLASS en Florida, es el inicio de un nuevo rumbo para sus vidas. Dolores me escribió: ¡Le doy tantas gracias a Dios y a usted por haber tocado mi vida! ¡Podría escucharla siempre! Su mente y sus coloridas palabras me fascinan. ¡Jamás volveré a contentarme con la mediocridad! He atravesado un período de intranquilidad en mi vida, pero usted me ha ayudado dándome herramientas para remover algunas cosas. Me siento equipada para empezar a ser todo lo que puedo ser. ¡Gracias por darme ese gran cofre de plata con un lazo encima!

Le agradezco a Dolores por haberme enviado este cofre de plata; son los intereses en mi cuenta.

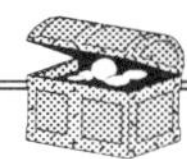

Los cofres de plata vienen en diferentes formas. No importa la forma que tengan, generalmente son valiosos. Cuando desarrollamos el programa avanzado para CLASS, nunca me imaginé que la cinta en la cajita negra que les enviamos a cada uno de los participantes a su casa pudiera llegar a convertirse en un cofre de plata. Cada participante vino a CLASS con dos breves presentaciones que se filmaron. Cuando los participantes terminan su mensaje, les doy una evaluación y mis comentarios agregados a la cinta que se llevan a casa.

Annie Rodriguez asistió a CLASS en el verano de 1988. Después de mi disertación sobre los cofres de plata, me escribió lo siguiente: "La filmación de CLASS es una de mis más valiosas posesiones, no por lo que he hecho sino por su amabilidad, sus cumplidos y sus palabras de estímulo por mi presentación. Estos son los cofres de plata que usted me ha dado".

Cuando escucho que alguien que ha asistido a CLASS le transfiere a otro asistente lo que ha aprendido, considero que esto son intereses en mi cuenta. De vez en cuando, el interés no solamente es intrínseco sino también material.

Querida Florencia:

Le envío un cheque por cincuenta dólares. Por favor, acéptelo como un regalo en retribución por haberme dado la confianza que tanto necesitaba. Sé que la Escritura dice que el obrero es digno de su salario, por lo tanto a un maestro se le debe pagar por su enseñanza.

He puesto en práctica muchas de sus lecciones, especialmente la de "Cofres de Plata" visual. He hablado acerca de la autoestima a un grupo de 150 alumnos de tercer grado. Todos ellos recibieron su cofre de plata. Muchas gracias por compartir esa idea (y tantas otras) que pueden cambiar las vidas de tantas personas de manera positiva.

La confiada y comprometida,
Mary Anne.

Desde el inicio de CLASS, Fred me apoyó extremadamente. En los últimos años se desvinculó de todo otro negocio para viajar conmigo, haciéndose cargo de los horarios, la venta de libros y los arreglos de viajes. Debido a su corazón compasivo ha podido aconsejar a las personas heridas emocionalmente o espiritualmente confundidas. A raíz de escuchar tantos problemas, Fred comenzó a examinar su propia niñez encontrando rechazo e ira contenida. Se hizo aconsejar para descubrir las causas de sus emociones reprimidas. En agosto de 1987, Fred comenzó un proceso de restauración que incluía el escribir diariamente los motivos de oración. Generalmente lo hacía durante una hora al día y a veces, hasta dos horas o más.

A medida que su caminar con el Señor se hacía más estrecho, El fue dándole sanidad. La gente se le acercaba con sus ocultas heridas del pasado y él podía descubrir las causas de su sufrimiento y colocarlos en el camino de la recuperación hacia la restauración. Formamos un nuevo equipo; yo hablaba haciendo que la gente se examinara a sí misma y Fred consolaba a aquellos que tenían recuerdos dolorosos o confusión sobre su identidad. Los resultados, al preocuparnos por estos cristianos heridos, fueron asombrosos y a la edad de cincuenta y nueve años, Fred encontró que Dios tenía un plan para su vida completamente nuevo que ninguno de nosotros había concebido.

"El Señor ordena los pasos del hombre" (Salmo 37:23).

Fred tomó la instrucción recibida a través de la oración, el estudio de la Biblia, el aconsejamiento, la lectura y CLASS y comenzó a transmitirla a aquellos que la necesitaban para que pudiesen recomponer sus vidas, llegando a ser personas competentes y calificadas para pasarle a otros los beneficios de su sanidad.

En mayo de 1988, Fred tuvo a su cargo un taller de trabajo en un retiro de mujeres sobre las secuelas que dejan en los adultos los traumas de la niñez. El resultado fue que tuvo sesiones privadas de aconsejamiento hasta las 2:00 de la mañana y continuó al día siguiente, atendiendo gente cada media hora mientras yo tenía mi disertación. De regreso a casa de esta conferencia para 800 mujeres, nos miramos a la cara y Fred dijo: "Vamos a tener que escribir algo para estas mujeres dolidas. No podemos dejarlas con las heridas abiertas sangrando. Debemos darles algo tangible para agregar ayuda a su esperanza".

Estuve de acuerdo y sugerí escribir algunos pasos específicos a seguir hacia la restauración. Fred sentía que había que escribir un libro combinando nuestro conocimiento y experiencia. En ese momento yo estaba en medio de la preparación de *Raising the Curtain on Raising Children* y *Personalities in Power* y no podía concebir la idea de hacer otro libro. Con un itinerario de viajes tan completo no sabía cómo iba a hacer para terminar lo que tenía empezado. Fred me dijo que si la idea era válida, Dios nos daría de alguna manera el tiempo para escribirlo.

Fred nunca había escrito un libro, ni siquiera un artículo. En la secundaria le disgustaba tener que hacer un escrito aunque sacaba buenas calificaciones en gramática y puntuación. Los maestros le habían dicho que si alguna vez tenía algo que decir, probablemente lo haría muy bien por escrito. Finalmente, Fred tenía algo que decir.

Debido a mis compromisos de entrega de los libros en los que estaba trabajando, hice un arreglo con Fred. Si él escribía el bosquejo del nuevo libro, estableciendo quien de nosotros escribiría sobre los diferentes tópicos y luego él escribía su parte, yo haría luego la mía. Supuse que de esta manera estaba cubierta ante distintas contingencias. Si él fallaba haciendo su parte yo no tendría que escribir nada. Si la mano del Señor estaba en este libro, Fred se convertiría en un autor; de lo contrario, yo no dedicaría tiempo para eso.

En pocos días Fred me mostró el lineamiento de un capítulo. Acto seguido, organizó el material y se aisló dos semanas para escribir. Cuando vi la cantidad de páginas que produjo, supe que el Señor estaba dirigiendo nuestros pasos y tenía que responder al llamado y ponerme a trabajar. Escribí mi parte sin leer lo que Fred había escrito y él unió ambos manuscritos. Hice una búsqueda de los versículos referentes a la sanidad y Fred hizo la revisión final. En el día de hoy no puedo creer que yo haya mandado un manuscrito a los editores sin haberlo leído en su totalidad.

El editor cambió muy pocas cosas y envió el manuscrito a un psicólogo cristiano para que aprobara el contenido. El psicólogo no solamente lo aprobó sino que adjuntó una nota diciendo: "Aunque aparecen dos nombres firmando como coautores, es obvio que una sola persona ha escrito el libro".

¡Qué testimonio al creativo poder del Señor que cuando El inspira y dirige hay unidad de propósito y armonía en la construcción! Los dos autores llegaron a identificarse en uno. En lugar de mi escrito y el escrito de Fred puestos juntos tuvimos su escrito haciéndolo más importante que la suma de ambos. De todos los libros que he escrito no existe uno tan inspirado, creativo y bendecido por el Señor como *Freeing your Mind from Memories that Bind.* Jamás hemos obtenido una respuesta tan emocionante. Nunca hemos recibido tantos testimonios de sanidades. Ninguno de los quince libros que he escrito se vendió tan rápido y en tan gran cantidad como este. Durante todo el proceso, la vida de Fred cambió. Está sacando hacia afuera la carga de su pasado y la ira contenida. Ha dejado de ser mi defensor, organizador y alentador de bambalinas para pasar a tener su propio ministerio como un compasivo consolador de almas sufrientes. Ahora es autor por mérito propio. Lo entrevistan en radio y televisión invitándolo a hablar sobre un tema que recién está surgiendo en la comunidad cristiana.

Lo más emocionante para mí es ver la transformación que el Señor pudo hacer en su vida en menos de dos años, debido a que Fred estuvo dispuesto a examinar su vida en profundidad, presentarle al Señor sus necesidades, estudiar la Palabra, escribir a diario sus oraciones, saturarse con material de ayuda sobre el tema y luego estar dispuesto a ministrarle a otros.

Uno de los entrevistadores, que hace varios años que nos conoce preguntó: "¿Fred, qué ha pasado contigo? Tienes una nueva vitalidad y energía que no te conocía.

Debido a que Fred fue leal al llamado del Señor, Dios lo recompensó dándole discernimiento y percepción. Esos talentos le permiten ayudar a la gente para llegar al origen de sus problemas en cuestión de horas. Cuando está aconsejando, pide que el poder del Espíritu Santo le revele la verdad a la persona en necesidad para que pueda poner delante del Señor las heridas del pasado y recibir el toque de sanidad. Estos cristianos ya no tienen que ponerle curitas a sus síntomas, porque al encontrar la raíz del conflicto aceptan la solución del Señor.

Nunca le di instrucción directa a mi marido, pero él es mi mejor premio como alumno. Estoy tan orgullosa de lo que él ha permitido que el Señor haga en su vida. He colocado mis palabras en una gran cuenta bancaria y todavía me está pagando intereses. Estoy tan agradecida por el ministerio para animar a otros que el Señor me ha dado, por el deseo de transferirle a otros lo que aprendí en sesenta años. Estoy agradecida porque El me permite pasar el conocimiento sin guardar secretos sino confiar en que mi experiencia va a ser bien utilizada por personas fieles y confiables como Patsy, Bonnie, Georgia, Marilyn y Fred así como mis hijos y tantos otros quienes a su vez enseñan y bendicen a otros en necesidad dándoles esperanzas.

No voy a vivir en este mundo para siempre, pero voy a vivir en la estela de los cofres de plata y el Señor continuará atando los lazos encima de cada cofre.

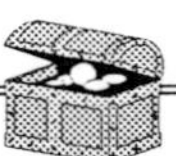

Porque yo sé los pensamientos que tengo acerca de vosotros, dice Jehová, pensamientos de paz, y no de mal, para daros el fin que esperáis.

(Jeremías 29:11)

Recibiendo cofres de plata

Una simple palabrita dicha con amabilidad
    un gesto o una lágrima,
generalmente ha sanado el corazón herido
    y hecho un amigo sincero.

No consideres en poco decir cosas agradables;
    la expresión de tu rostro,
los pensamientos que reflejes,
    pueden sanar o dañar a alguien.

Extraído de "A Little Word"
de Daniel Clement Colesworthy

Con frecuencia la gente pregunta: "¿Qué pasa cuando uno quiere obsequiar cofres de plata pero la gente no quiere recibirlos?" Existen varias razones por las cuales la gente se siente incómoda ante los elogios:

1. Los cumplidos no encajan en sus patrones establecidos de personalidad.

2. Desde la niñez se les ha dicho que no tienen aspiraciones, que son tontos o sucios.

3. Fueron niños maltratados.

4. En ese momento están atravesando por un período difícil.

5. Se les ha dicho que no es espiritual aceptar elogios.

Comencemos con el más sencillo de los argumentos que invoca la gente para no recibir nuestra entusiasta palabra de felicitación.

Comprendiendo el patrón de personalidad de la persona puede ayudarlo para saber qué clase de cumplido esa persona puede recibir. Todas las personas no son iguales; es por eso que muchos de nosotros cometemos errores tratando de darle a los demás los halagos que nos gustaría que nos dijeran a nosotros. Es entonces que nos resentimos al ver que ellos no reciben nuestras palabras con entusiasmo.

Quienes han leído mis libros *Personality Plus, Your Personality Tree* y *Raising the Curtain on Raising Children* están muy bien informados acerca de los cuatro tipos básicos de personalidad y no dudan en usar ese conocimiento como guía para *llevarse bien con gente difícil*. Para aquellos que no estén familiarizados con esta sencilla herramienta, permítanme darles un rápido repaso.

El sanguíneo es la *persona que se destaca*. Quiere divertirse en cada situación y ser el alma de la fiesta.

Al sanguíneo le encanta hablar.

El colérico es la *persona vital* que quiere controlar todas las situaciones y tomar decisiones por los demás.

Al colérico le encanta trabajar.

El melancólico es la *persona perfecta* que quiere tener todo en orden y hacer todo bien, a quien le gusta el arte y la música. Al melancólico le encanta analizar.

El flemático es la *persona pacífica* que no quiere meterse en problemas, mantener el equilibrio y llevarse bien con todo el mundo. Al flemático le gusta descansar.

Es asombroso ver con qué facilidad podemos aprender a detectar a la gente y acercarnos a ella correctamente.

El sanguíneo es el más fácil de ubicar porque hace ruidosas apariciones, llama la atención, atrae a la gente con su magnetismo, le sobra carisma y cuenta historias graciosas. Lo que quiere que usted le diga es lo atractivo que es, qué bien tiene el pelo, lo lindo del maquillaje, qué bien le quedan los aros o cualquier otra cosa que se haya puesto para asegurarse que usted nota su presencia. Vive exteriormente y pretende que usted haga gala de su vestimenta, sentido del humor o de su nuevo automóvil rojo. Si usted es melancólico, por naturaleza no elogiará lo que es obvio y sentirá que reirse de los chistes y cuentos del sanguíneo no lo estimulará más que para que balbucee solamente.

Más allá de su propia personalidad, si usted quiere darle un cofre de plata al sanguíneo, asegúrese que sea uno grande, brillante y adornado con lentejuelas... y déselo delante de una gran audiencia.

El vital colérico es fácil de detectar, porque camina con autoridad y aparenta tener control absoluto. El no quiere desperdiciar mucho tiempo en trivialidades sin aparentes resultados o conversar con gente que no tiene nada importante que decir. Frecuentemente le está diciendo a la gente lo que debe hacer y señalándole las "estupideces" de la vida. Logra más que cualquier otro tipo de personalidad, enseguida acierta a hacer lo que se debe y generalmente tiene razón. No necesita que elogien su apariencia, pero sí sus logros, su velocidad en resolver problemas, sus constantes nuevas metas, su lealtad a Dios, a la iglesia, a la madre, al negocio o al país y su sentido de la honradez. Si usted es flemático quedará agotado sólo con verlo, pero si quiere impresionarlo dígale lo asombrado que está con los éxitos alcanzados en tan poco tiempo. Puede que él nunca se haya fijado en usted, pero repentinamente notará que usted es una persona con gran discernimiento.

El perfecto melancólico generalmente es muy pulcro y tiene aspecto de intelectual. Es callado, reservado y se turba un poco socialmente, cuando no conoce a nadie. Prefiere hablar tranquilamente con una persona en vez de hacerlo con un grupo. Considera que los cumplidos hechos por la ropa y las bonitas cosas externas son trivialidades y desea escuchar sobre las virtudes internas de integridad, sabiduría y valores espirituales. La mujer melancólica generalmente se casa con un sanguíneo que no puede llegar a ver en la profundidad de estas virtudes internas y continúa diciéndole lo linda que se ve. Cuando no comprendemos estas diferencias, estamos dando cofres de plata que nadie quiere. El melancólico es muy sensible y fácil de ser lastimado tendiendo a tomar muy en serio lo que otro dice en broma. Mientras que el sanguíneo y el colérico dicen lo que les viene a la mente sin pesar sus palabras y con frecuencia tiran abajo al melancólico, que el único cofre de plata que espera recibir es un "yo te comprendo".

El pacífico flemático es una persona muy moderada y fácil para llevarse bien. Se adapta a cualquier situación, se integra y acomoda su personalidad para no entrar en conflicto. Se ríe con el que ríe y llora con el que llora. A todo el mundo le gusta la moderación natural del inofensivo flemático y aunque no es ruidoso como el sanguíneo, tiene un ingenioso sentido del humor. Prefiere estar sentado y no de pie y le gustan las sillas reclinables y cómodas. No necesita muchos elogios como el sanguíneo, tampoco le gusta estar a cargo como el colérico o involucrarse profundamente como el melancólico. Le gusta que noten su presencia de vez en cuando, ser incluido en conversaciones que no tenga que promover y que se le diga que su opinión tiene valor y es respetada. Como generalmente se casa con un colérico cuyo concepto del valor está relacionado con los logros alcanzados en un día, su amable y tranquilo espíritu no es apreciado. A su vez, a él le resulta difícil elogiar los constantes proyectos del colérico ya que se cansa con sólo pensar en ellos.

Espero que con este breve sección sobre las personalidades, usted pueda ver que cada tipo agradece los estuches de plata de distintas formas y tamaños.

Una de las razones por las cuales hay personas que no aceptan ningún tipo de halago es porque de niños han sido programados para sentirse sin ningún valor en absoluto.

Muchos hemos oído comentarios de nuestros padres que han lastimado nuestra autoestima y tenemos un destello de duda en cuanto a que si merecemos o no el cumplido. Las personas que han sido maltratadas verbalmente, físicamente o sexualmente siendo niños saben que no hay nada bueno en ellos. En su mente no hay lugar a duda o cuestionamiento. Fred y yo hemos aconsejado a personas bien parecidas y atractivas exteriormente pero en su interior tenían los síntomas del rechazo o el maltrato. En su interior pensaban que eran feas, estúpidas e inmorales. Mucha gente que gasta demasiado en su vestuario y constantemente cambia de corte de cabello, o en el otro extremo, aquellos que se visten desprolijamente dejando que el cabello enmarañado les caiga sobre la cara, están tratando de sobreponerse en el primer caso, o de darle validez al sentimiento de que son desagradables, en el segundo. Cuando usted elogia su ropa, no pueden creer que sea sinceramente.

Juliene fue maltratada emocionalmente en su niñez y de pequeña se sentía "sola, sucia y como basura". La habían rebajado tanto que su autoestima estaba por el suelo. No pudo creerle a su pastor cuando le dijo que llevaba puesto un vestido muy bonito y que tenía un bello rostro. Su mente deseaba aceptar el cumplido, pero sus emociones no le permitían sentir que era digna de él. Pacientemente, él continuó trabajando para levantarla hasta que, con el tiempo, la hizo sentir que era "alguien" respetable.

"El me hizo creer que yo era una persona aceptable para Dios y los demás, que era una persona apreciada y agradable y que Dios verdaderamente se preocupaba por mí y posiblemente también otras personas lo hicieran".

Sin la esmerada atención de su pastor durante años, Juliene todavía no sería capaz de aceptar un cofre de plata de ningún tamaño. Una persona que continúa tomando clases y cursos de cualquier tipo está tratando infructuosamente de sobreponerse al sentimiento de estupidez causado por algún tipo de maltrato. Cuando hablo con alguien que vive dedicado a elevar su nivel educacional, le pregunto: ¿Quién le dijo de niño que era un estúpido? Con frecuencia estallan en llanto y saben quién fue. A menudo, ese padre lo maltrató físicamente o sexualmente, así como verbalmente. Cuando usted le dice a estas personas lo inteligentes, agudas o ingeniosas que son, no le creen.

En el otro extremo se encuentra el niño al que se le dijo que era estúpido y no estudia nada, ni siquiera lo intenta.

Jane era "la niña de sus ojos" de su papá, pero al cumplir los ocho años él desapareció para pasar los próximos veinte años en la cárcel. Ella lo extrañaba tanto que comenzó a escribirle una carta diariamente. A la tercera, él le contestó diciendo que su caligrafía era pésima. Esa inocente niñita recibió tal impacto por el comentario de su papá que no volvió a escribirle ni una sola palabra. En los próximos diecinueve años y medio no supo más nada de él. Jane decía que él había muerto sin que ninguno de los dos rompiera el doloroso silencio.

¿Se puede imaginar si usted, un extraño, llegara a hacer un comentario positivo sobre la caligrafía de Jane, qué desencadenamiento de recuerdos provocaría? Ella podría reaccionar tan violentamente que usted se ofendería, pero si usted sabe lo que hay en su interior, lo entendería.

Jane termina diciendo: "Jamás fui capaz de darle cofres de plata a nadie. Gracias por darme el próximo paso a seguir. Es hora de escribir y crecer".

Dottie me escribió contando que sus padres siempre le decían: "Los varones tienen todos los cerebros". ¡Y ella les creyó!

"Nunca creí que pudiera llegar a igualar las habilidades de mis hermanos. No era una buena lectora y estaba un poco excedida de peso y era más alta que las chicas de mi edad. Los maestros esperaban mayor rendimiento de mí y me rebajaban cuando no leía bien en voz alta delante de la clase. Ellos reforzaron mi incapacidad y yo acepté la derrota".

Como sucede frecuentemente, nos casamos con una persona que hace las mismas cosas negativas que hicieron nuestros padres y Dottie se casó con un hombre melancólico que tenía un intelecto superior, un espíritu crítico y que la rebajaba por su falta de educación. El reafirmó su creencia de que no era inteligente. Finalmente se divorciaron, cuando su sentimiento de autoestima había tocado fondo.

Al enfrentarse sola a la vida, le preguntó al Señor para donde ir. Obtuvo un trabajo en ventas que la sorprendió por lo bien que lo hacía. Dottie volvió a la universidad y está sacando las más altas calificaciones.

"Jamás pensé que lo pudiera hacer" dice con asombro.

Las personas que han sido violadas sexualmente siendo niños, recuerden o no el incidente, se sienten culpables, sucias e inmorales aunque sean las víctimas. Porque su cuerpo ha sido violado, desconfían de todo el mundo y esperan lo peor... que generalmente pasa.

Aunque tratemos de elogiar a la víctima de violación sexual, rechazarán nuestras palabras. Su computadora emocional, rechaza nuestro elogio, no lo "registra" porque ha sido programada para no creerlo.

Para quien no está sintonizado con la "personalidad de víctima" esto no tiene sentido, pero yo puedo detectar frecuentemente en qué área la persona ha sido afectada al hacerle algún cumplido a su aspecto y figura, cerebro y competencia o valores y espiritualidad. Si la persona rechaza instantáneamente alguno de ellos, eso me da la clave.

Aunque esto sea algo nuevo para usted y no quiera complicarse con gente conflictiva, por lo menos permita que esta información le sirva de referencia para saber por qué algunas personas no pueden manejar sus comentarios positivos. Si usted quiere comprender el sufrimiento de su propio pasado, o los resabios dejados en los demás, por favor lea nuestro libro *Freeing Your Mind from Memories That Bind.*

Desde la publicación de ese libro, hemos recibido infinidad de cartas enviadas por cristianos cuyas vidas adultas son un fracaso debido al maltrato infantil o a la carencia extrema y al rechazo.

Berta escribió una carta que resume lo que siente una persona que ha sido maltratada cuando recibe un halago.

> Recuerdo que cuando tenía trece años mi madre me decía perra y prostituta. Lo continuó diciendo por una temporada en la que uno de sus novios me molestaba. Seguí sintiéndome sucia, ramera y detestable.
>
> Acabo de casarme y no puedo aceptar el amor de mi marido ni sus caricias. Vine a este retiro orando para encontrarme con el Padre. El tiene varios caminos, aunque sé que lleva tiempo deshacerse de los efectos de los malos tratos. He descubierto que muchas veces me es difícil, hasta casi imposible recibir los cofres de plata que me obsequian cuando mi vida ha sido llena de negatividad y destrucción.
>
> Quizás en su libro pueda poner palabras de sabiduría para aquellos de nosotros que no somos capaces de recibir ese regalo. Hay momentos en que no creemos o no confiamos en las intenciones de esos regalos. Que el Señor continúe bendiciéndola siendo un instrumento de estímulo para tantos que padecemos un sufrimiento como este.

Al leer sus palabras, usted no puede dejar de sentir lástima por una muchacha que ha sido violada por el novio de la madre y luego la misma madre le pone apodos que hacen que la víctima se sienta culpable. No por nada se siente sin valor. No por nada no funciona normalmente en su matrimonio. No por nada no puede aceptar cofres de plata.

Stefanie creció creyendo que no valía nada. Su madre murió muy joven, su padre era alcohólico y su tía la crió de mala gana. La tía le decía que era su esclava y la hacía hacer cosas degradantes, tales como subirle las medias y sujetárselas al portaligas.

Habiendo crecido con una mentalidad de esclava, Stefanie no podía creer que pudiera importarle algo. Contuvo su ira toda la vida, pero supo que tenía algunos problemas emocionales cuando le dijo a su hijo de dos años: "¡No soy tu esclava!"

Después de dos años de recibir consejo, pudo darse cuenta que su tía, que ahora está muerta, todavía estaba en control de sus emociones. Se dio cuenta que estaba descargando en su pequeño hijo la ira que nunca había podido demostrarle a su demandante tía.

Cuando nos damos cuenta que mucha de la gente con quien hablamos a diario ha sido maltratada de alguna manera en el pasado, podemos aceptar sus reacciones negativas sin tomarlo de manera personal y podemos llegar a ellas con compasión en vez de enfadarnos.

De la misma forma, en situaciones especiales, cuando nos preguntamos cómo es posible que esa persona no sea capaz de darle a nadie un cofre de plata, podemos considerar la posibilidad que jamás recibió uno. Es difícil dar lo que nunca recibimos. Cuando alguien cree que vale poco, cuando la opinión de sí mismo es pobre, cree que no tiene nada que valga la pena para ofrecer, ya sean palabras u obsequios. Tiene tanto miedo que se rían de él, que lo degraden, que se abstiene de bendecir a otros.

A veces, cuando la gente está enferma o acaba de escuchar malas noticias, o tiene algún desequilibrio en el nivel de azúcar u otra sustancia, o está deprimida por alguna circunstancia, su respuesta a los cumplidos no será normal. Si usted llama contenta a una amiga, una amiga que generalmente responde bien y ese día ella le corta o no acepta su buen humor, no lo tome de manera personal y se deprima. Sin querer, usted ha llamado en un mal momento. No fue culpa suya, y probablemente tampoco de ella. Espere un poco y vuelva a intentarlo más tarde.

Aletha me escribió una carta dando un ejemplo perfecto de este problema cuando intentó darle un Cofre de Plata a una amiga que acababa de ser intervenida quirúrgicamente.

> Realmente, agradezco la lección que dio sobre cofres de plata con un lazo encima. Nunca antes me habían hecho notar los efectos que las palabras producen en la gente. Mientras que siempre tratamos de medir nuestras palabras para con los demás, nunca se me había ocurrido la idea que nos derrumben nuestros ladrillos y mucho menos cómo reaccionar en caso que eso sucediera. Es la 1:30 de la madrugada y le escribo porque no puedo dormir. ¿La razón? Hoy salí a comprar flores para una amiga que acaba de ser operada. La llamé a las 8:30 de la noche para preguntarle si mañana por mañana podía ir a visitarla y llevarle las flores. Su respuesta es la razón de que no pueda dormir. "No", me dijo. "La idea es muy buena, pero busca alguna otra persona para dárselas".
>
> Florence, no somos adolescentes. Ambas tenemos más de cincuenta años y hemos sido amigas por mucho tiempo. ¿Por qué me siento abatida? Todavía no lo sé, pero mi cofre de plata con un lazo encima quedó abollado y deshilachado. Creo que mañana tendré que buscar a alguien que quiera recibir mis rosas rojas y hacer un cofre nuevo usando los pedazos que quedaron del viejo. Nunca habrá demasiados cofres de plata con un lazo encima.

Le escribí a Aletha pidiéndole permiso para citar su carta. Cuando ella me mandó la autorización, agregó algo más:

> Recibí una nota de agradecimiento de mi amiga por las flores que nunca le di. Tomé las flores y repartí mis cofres de plata entre tres personas. Fue una experiencia

regocijante, y se acabó la primera emoción. ¡Seguro que fue mi culpa!

En realidad, no fue culpa de nadie. Aletha tuvo un gesto amable y generoso al comprar flores para su amiga, quien posiblemente estuviera bajo los efectos de los medicamentos posterior a la cirugía, o tuviese tantas flores en su habitación que sintiera que estaba en su propio funeral. Cualquiera que fuese el caso, ella no deseaba el obsequio en ese momento y luego le envió una nota a su amiga agradeciéndole su amabilidad. Tres personas más fueron bendecidas y pudimos tomar esta lección como ejemplo para no enojarnos o sentirnos rechazados si alguien no quiere lo que tenemos para darle.

Otra de las razones por las cuales algunas personas no pueden aceptar cumplidos es porque les han enseñado desde pequeños que los buenos cristianos deben ser humildes hasta el punto de sentir que no valen nada. Recuerdo haberle preguntado a mi madre por qué ella no me elogiaba como lo hacía la mamá de Peggy y me contestó:

"Nunca sabes en qué momento deberás comerte las palabras". Cuando a uno le dicen que para ser espiritual hay que adoptar la teoría de Pablo "en mí no hay nada bueno" o que si uno recibe halagos se le van a subir a la cabeza, uno crece sintiéndose culpable si alguien le ofrece un estuche de plata. subconscientemente, usted cree que no lo merece debido al "lavado de cerebro con respecto a la humildad" y en la superficie usted cree que no puede aceptar un elogio y seguir siendo espiritual.

El padre de Melissa era pastor y ella se crió en un hogar superespiritual. En la secundaria, sus padres le dijeron que era vanidosa y la apartaron del resto de las chicas. Jamás le permitieron vestirse como las demás ni depilarse las piernas. Se sentía que estaba fuera de foco. Creció sintiéndose socialmente insegura. Recientemente, ya con más de sesenta años, se atrevió a contarle a sus padres que debido a sentirse marginada en la adolescencia con la etiqueta de religiosidad y represión, había torcido su personalidad de por vida. Ella esperaba que sus piadosos padres se disculparan, o por lo menos, admitieran que habían sido demasiado estrictos. En cambio, su padre la miró fríamente y dijo:

"Lo discutimos en su momento y llegamos al convencimiento que era bueno para tu carácter que aprendieras a vivir con odio".

Melissa quedó destruida por la falta de amor y cuando habló conmigo varias semanas después, se conmovió al repetirlo. Es sólo por gracia divina, no por sus padres, que Melissa tiene cierta autoestima y hasta sigue siendo cristiana.

Cuando una persona como Melissa recibe un elogio, subconscientemente lo rechaza inmediatamente. Solamente con una devota reeducación este tipo de persona se siente merecedora de recibir un cofre de plata, aunque sea chiquitito.

Si al leer esta sección usted se dice: *Simplemente no puedo aceptar elogios* debería preguntarse el motivo. ¿Es debido a que la gente no tomó en cuenta su tipo de personalidad e inadvertidamente, le dijo algo que lo lastimó? ¿Es algo que no fue sincero? Si cree que eso es posible, dedique cierto tiempo a estudiar los tipos de personalidades, así podrá llenar las necesidades de otros y aceptar sus halagos con amabilidad, dándose cuenta que los demás van a expresarse con naturalidad sin, necesariamente, comprender la suya. Cuando comience a sentir los puntos fuertes y las debilidades de las personas que no son como usted, podrá pasar por alto sus pobres elecciones al expresarse y ser agradecido por la buena intención.

Más allá de la aceptación vendrá el reconocimiento que el tipo de elogio que la otra persona le da a usted es lo que a ella le gustaría recibir. Si una sanguínea se deshace en elogios por su vestido, que a usted ni siquiera le gusta, sepa que ella está deseando que a usted le guste el suyo. Si un colérico está impresionado por todos los logros obtenidos por usted en "todo un día de trabajo", sepa que lo que espera es que usted le pregunte cuánto logró hacer él hoy. Si un melancólico ve algo profundo y significativo en lo que usted ha dicho, no diga que fue un accidente, agradézcale por ser tan analítico y perceptivo. Si una flemática le da las gracias por sentarse a su lado en un acontecimiento social y usted no ha dicho nada trascendente, no lo remarque, sino dígale que es una persona serena y agradable con la que da gusto compartir y que espera volver a sentarse a su lado la próxima vez.

Sin darse cuenta, mucha gente hiere a la persona que le ofrece un cofre de plata simplemente porque no sabe cómo recibirlo con un corazón agradecido.

Si toda la vida le han dicho que no es tan brillante o hermosa y rechaza todos los elogios con un "realmente, no soy tan inteligente" o "este vestido es viejo (o feo, o barato)" u "hoy mi pelo está horrible" está insultando el juicio del dador y al mismo tiempo mostrando cuán insegura se siente. Tal vez haya llegado el momento de una nueva apreciación de usted misma y se quite de encima esos preconceptos para que pueda aceptar los halagos positivamente. Recuerde que cuando despreciamos los obsequios muy seguido, la gente deja de dárnoslos. La señora que rechazó las rosas no recibió otras al día siguiente ya que se las obsequiaron a otras tres personas que sí las quisieron. Sea agradecido ante cualquier gesto de amabilidad y agradézcale al dador por su gentileza. Los cofres de plata son demasiado preciosos como para rechazarlos.

Si usted nota que no puede creer nada bueno acerca de usted mismo y tiende a sospechar de quienes se muestran muy alentadores, quizás, haya quedado en usted algún residuo del rechazo recibido en su niñez al que nunca le haya prestado atención. Tal vez, usted no se haya percatado que su deficiente autoestima es el resultado de haber tenido un hogar con algún tipo de carencia. Si usted se resiente o se deprime con facilidad o piensa que la gente que lo elogia no es sincera o es hipócrita, será necesario que mire hacia atrás y arranque la raíz de sus inseguridades.

Si encuentra que en ciertos momentos del mes usted está irritado, que cuando le duele la cabeza se pone desagradable, que cuando no es eficiente en su trabajo se descarga con la familia, piense que este comportamiento inestable no es fácil que la gente lo comprenda. A veces esperamos que si ignoramos el dolor, nadie se dará cuenta. Pero es más saludable expresar lo que sentimos y pedirle a los demás que comprendan y no traer a la superficie nuestras emociones dejándolas caer sobre la primer persona que se aprieta el gatillo. Mis hijos siempre sabían cuando yo había llegado al límite y podían decir: "Mamá, creo que necesitas un descanso. Ve a recostarte y yo terminaré de lavar los platos".

Si alguien trata de ser atento en el momento que usted no puede aceptarlo y estalla, inmediatamente dígale que lo siente. No es culpa de la otra persona, él está haciendo lo mejor que puede. Sencillamente, ha sido un día pesado. La gente se conforma mucho más con una simple explicación que si se siente rechazada.

Si sus padres o su iglesia le han hecho creer que aceptar cualquier tipo de reafirmación no es espiritual, que la desvalorización personal roza la santidad, que cualquier atisbo de frivolidad es un pecado y que usted debe cargar cada día su cruz, tal vez, haya llegado el tiempo de pararse sobre el gusano de la indignidad. La gente religiosa tiene un sombrío concepto de la piedad, pero la palabra de Dios nos muestra el valor del estímulo y la virtud de un corazón alegre. No permita que un pasado religioso legalista le quite la felicidad y su habilidad para aceptar halagos. Cuando usted tira el estuche de plata que le dan, el dador no ve el rechazo como un síntoma de espiritualidad sino como una ofensa personal.

Alguno de nosotros creemos que como buenos cristianos debemos servir sacrificatoriamente sin permitir que los demás hagan algo por nosotros. La actitud de dar parece espiritual, pero frecuentemente es la inseguridad la que nos lleva a asegurarnos que la balanza está de nuestro lado. Permita que aquellos que quieran bendecirlo lo hagan y déle las gracias gentilmente. El Señor permitió que Marta lo sirviera y dejó que la mujer derramara el costoso perfume sobre sus pies para que ambas se sintieran recompensadas. El Señor habita en medio de las alabanzas de su pueblo y debemos estar dispuestos y abiertos a recibir cofres de plata y reconocerlo con corazones agradecidos.

Las palabras de Jehová son palabras limpias, como plata refinada en horno de tierra, purificada siete veces.

(Salmo 12:6)

Cofres de sueños rotos

Cuando comencé a hablar de los cofres de plata y a notar la reacción que el tema provocaba en la audiencia, tuve que examinar mi propio pasado para ver cuándo había empezado yo misma a recibir estímulo. ¿Quién me daba cofres de plata? Recordé algunos comentarios hirientes como: "Es una lástima que no tenga el cabello ondulado como sus hermanos... ¿Por qué será que los muchachos reciben todas las miradas? ¿No son adorables?" (Y luego dirigiéndose a mí). "Ella debe ser inteligente".Volví a pensar en aquella señora que le comentó a mi madre refiriéndose a nosotros tres: "Es una lástima que no haya esperanza para esos muchachos mientras parezcan tan brillantes". ¡Qué lejos de ser un cofre de plata!

Crecí sabiendo que sería mejor que fuera inteligente ya que con mi apariencia no haría nada... ¡si es que llegaba a hacer algo! Estudié con ahínco gramática para sacar las más altas calificaciones, llegando a ser una alumna compulsiva en la secundaria, sabiendo que no tendría futuro si no conseguía una beca para la universidad. No habría esperanza y terminaría trabajando en la fábrica de zapatos a donde iban a parar los pobres muchachos de Haverhill.

Mi motivación para aprender todo lo que podía fue la pobreza, la rutina y el trabajo aburrido de esas vidas monótonas e insípidas.

En 1597 Francis Bacon escribió: el conocimiento es poder. Samuel Johnson dijo en 1759: el conocimiento se equipara a la fuerza.

Creí en lo que ambos habían afirmado y me propuse acumular la mayor cantidad de conocimiento así, algún día, llegaría a tener el poder de controlar mis circunstancias.

Mi padre vio en mí una mente dispuesta y comenzó a instruirme desde que me sentaba sobre sus rodillas. Me enseñó la historia de la Navidad de Lucas cuando tenía tres años y me alentó para recitarla de memoria en la representación de la iglesia. Antes de ir a kindergarten me enseñó cómo responder a una pregunta difícil diciendo: "Sin saberlo con exactitud, no me atrevo a emitir un juicio".

El tenía la serie completa de los poemas de Little Willie que nos enseñó a los tres. Aunque me resultaron fáciles para aprender, no siempre los entendía. Por ejemplo:

> El pequeño Willie tenía un espejo
> al que le lamió la parte de atrás
> creyendo en su infantil ignorancia
> que era bueno para su persistente tos.
> En la mañana del funeral
> la señora Jones le dijo a la señora Brown:
> "se puso fresco para el pequeño
> Willie cuando descendió el mercurio".

Aunque lo recitaba siendo muy pequeña, recién cuando llegué a la adolescencia me enteré que los espejos tenían mercurio en la parte de atrás. Repentinamente, la muerte del pequeño Willie cobró sentido.

Papá me enseñó que "la brevedad es el alma del ingenio" como Shakespeare lo había dicho en *Hamlet* dándome un ejemplo que aún recuerdo sobre el periodista que habló mucho. El editor le dijo que recortara el artículo dejando la menor cantidad posible de palabras. Su próximo artículo quedó así:

> Pequeño Willie,
> par de patines,
> agujero en el hielo
> puertas doradas

Aunque podría parecer algo divertido pero sin sentido, estos ejemplos muestran el tiempo que mi padre nos dedicaba enseñándonos cosas divertidas. Nos alentaba a ampliar nuestro vocabulario y pronunciar con claridad. "Si puedes hablar bien, usa correctamente tus palabras y habla más rápido que todo el mundo; conseguirás empleo mientras los demás murmuran". Mi padre no se imaginaría que al enfatizar el valor de la palabra, nosotros tres llegaríamos a ser conferencistas.

Papá no solamente nos alentó para ser lo mejor que pudiéramos sino que les daba a los clientes que llegaban desanimados un rayo de esperanza en medio de la oscuridad de la época de la Depresión. Cuando la gente no tenía dinero ni para comprar una hogaza de pan, él le daba una. Cuando necesitaban un oído atento, él se sentaba y conversaba. Cuando el barbero que vivía en la buhardilla de nuestro negocio volvía ebrio, mi padre se levantaba en medio de la noche y lo subía por la escalera hasta su cama. Cuando mi madre se quejaba por tener que trabajar los siete días de la semana en el negocio, tener que lavar toda la ropa a mano en la pileta o arreglárselas para cocinar con lo poco que había —todos ellos legítimos reclamos— mi padre le levantaba el ánimo diciéndole: "Podría ser mucho peor. Todos gozamos de buena salud".

Acostumbrábamos cantar el conocido:

> Hogar, hogar en la pradera
> donde corretean el venado y el antílope
> donde raramente se oye una palabra discordante
> y el cielo no permanece nublado todo el día.

Mi padre preguntaba chistosamente cómo sería el hogar en la pradera con todos esos venados y antílopes correteando por la sala. Nos reíamos al pensar en eso y luego volvíamos a entonar la canción. Realmente no tiene mayor importancia si uno vive en una casa en la pradera con todos esos animales o en tres habitaciones de trastienda, si cada uno puede alentar al otro con palabras de estímulo; el cielo no va a permanecer nublado todo el día.

La siguiente historia acerca de mi padre aparece en mi libro *Your Personality Tree* pero la cuento nuevamente porque ilustra muy claramente "los cofres de sueños rotos".

En mi último año en la universidad, volví a casa para las vacaciones de Navidad pensando anticipadamente en lo divertido que lo pasaría con mis hermanos esas cuatro noches. Estábamos tan emocionados de estar juntos que nos ofrecimos para atender el negocio, así nuestros padres podrían tomarse un día libre después de varios años. El día antes de salir para Boston, mi padre me llevó en privado al pequeño cuarto de trastienda. La habitación era tan pequeña que solamente cabía el piano y un sillón cama. Cuando se abría la cama, ocupaba todo el espacio y uno podía sentarse a tocar el piano. Papá tomó una caja de cigarros de atrás del viejo piano, la abrió y me mostró una pila de artículos de diario. Había leído tantas historias de detectives de Nancy Drew que estaba emocionada y con los ojos muy abiertos ante la caja secreta.

"¿Qué tiene?", le pregunté.

Papá me contestó muy serio: 'Son artículos que he escrito y algunas cartas al editor que se han publicado'.

Al empezar a leerlas vi al pie de cada uno de los escritos el nombre de papá: Honorable Señor Walter Chapman.

"¿Por qué nunca me dijiste que podías escribir?"

Siendo una estudiante universitaria que tomaba clases para aprender a escribir no tenía la menor idea que mi padre había escrito artículos lo suficientemente buenos como para ser publicados.

"¿Por qué no me dijiste que habías escrito esto?", le volví a preguntar.

'Porque no quería que se enterara tu madre. Siempre me ha dicho que como no tenía suficiente educación no debía tratar de escribir. También intenté hacer algo en la política, pero ella me dijo que no lo intentara. Creo que ella tenía miedo de sentirse abochornada en caso que perdiera. Yo sólo quería intentarlo para pasarlo bien. Pensé que podría escribir sin que ella lo supiera, y eso fue lo que hice. Cuando se publicaban los artículos yo los recortaba y los guardaba en esta caja sabiendo que algún día podría mostrárselos a alguien; esa eres tú'.

En el fondo de la caja encontré una carta de Henry Cabot Lodge, padre, nuestro senador por Massachusetts. No podía imaginarme que él le escribiera a mi padre. Nunca había visto el membrete del Senado y le pregunté: "¿Por qué él te escribió a ti?"

Mi padre contestó: 'Le escribí sugiriéndole la forma de incrementar la eficiencia y efectividad de su próxima campaña política y me contestó explicándome qué usaría y qué descartaría de las sugerencias que le di'.

Leí la carta y noté que no era una carta general sino una respuesta detallada punto por punto a lo que mi padre le había escrito. Comenzaba diciendo:

> Tengo en mis manos su amable carta con fecha 11 de mayo de 1923. Agradezco enormemente el hecho que me recuerde y me envíe esas cálidas palabras de amistad y felicitaciones; le aseguro a usted que valoro y aprecio ambas cosas.

¡Yo estaba impresionada! ¡Un senador le había escrito a mi padre! Ese día miré a mi padre bajo una nueva óptica. De pronto él se convirtió en un escritor en vez de ser un padre poco instruido. Coloqué la carta en el fondo de la caja y miré a mi padre impresionada por ese logro. Sus grandes ojos azules estaban húmedos.

'Creo que la última vez intenté algo demasiado importante', me dijo.

"¿Has escrito algo más?"

'Sí. Mandé un artículo a nuestra revista denominacional dándoles algunas sugerencias de cómo el comité nacional de nominaciones podría seleccionarse de manera más equitativa. Hace tres meses que lo envié pero todavía no lo han publicado. Creo que intenté algo demasiado grande esta vez'.

Era un aspecto tan nuevo de mi divertido y amante padre que no supe qué decir. Intenté: "Quizás, todavía llegue".

'Tal vez, pero no estés pendiente de ello' me sonrió levemente con un guiño cerrando la caja de cigarros y poniéndola detrás del piano.

A la mañana siguiente mis padres partieron en autobús hacia la estación de ferrocarril de Haverhill donde tomaron el tren a Boston. Jim, Ron y yo atendimos el negocio y yo pensaba en la caja. Nunca había sabido que a mi padre le gustara escribir; no les dije nada a mis hermanos, era un secreto entre mi padre y yo. El misterio de la caja escondida.

Aquella tarde, estaba mirando hacia afuera por la ventana del negocio cuando vi a mi madre descender sola del autobús. Atravesó la plaza en dirección al negocio.

"¿Dónde está papá?"le preguntamos al unísono.

'Su padre ha muerto', exclamó sin derramar una lágrima.

Sin poder creerlo, la seguimos hasta la cocina donde nos contó que iban caminando por la estación del subterráneo cuando papá se desplomó en la calle en medio del gentío. Una enfermera se inclinó a mirarlo y levantando la vista le dijo a mamá simplemente: "Está muerto".

Mamá se quedó helada, sin saber qué hacer mientras la gente tropezaba con él en su apuro por llegar al metro. Un sacerdote dijo que iba a llamar a la policía, y desapareció. Mamá estuvo a horcajadas sobre el cuerpo de papá casi una hora. Finalmente llegó una ambulancia y los llevó a ambos a la morgue de la ciudad; allí mamá tuvo que vaciarle los bolsillos y sacarle el reloj. Volvió sola en el tren y luego tomó el autobús local. Mamá nos contó todo sin derramar una sola lágrima. Para ella, el no demostrar sus emociones había sido una cuestión de disciplina y orgullo. Tampoco nosotros lloramos y nos turnamos para atender a los clientes.

Un cliente regular preguntó:'¿Dónde está el viejo esta noche?'

"Murió", le contesté.

'¡Oh, qué lástima!', exclamó y se fue.

Para mí no era "el viejo" y me dolió la pregunta, pero él tenía setenta y tres años y mamá cincuenta y tres. El había sido sano y feliz y había cuidado de mi delicada madre sin quejarse, pero ahora no estaba. No habría más silbidos, ni cantaría himnos mientras acomodaba los estantes. El *Viejo* se había ido.

El día del funeral, yo estaba sentada en la tienda abriendo las tarjetas de condolencias y pegándolas en un álbum cuando vi en el montón la revista de la iglesia. Normalmente, no hubiera abierto lo que consideraba una aburrida publicación religiosa, pero, tal vez, encontrara el artículo secreto... y así fue.

PARA UNA MAYOR DEMOCRACIA

> Una real boleta como la que he sugerido podría despertar interés y tener una acogida cordial entre los nuevos delegados que se encuentran un poco vacilantes de avanzar. El nuevo delegado podría ser buscado donde ahora es ignorado. Es triste decirlo pero el miembro promedio no tiene suficiente interés o quizás se cohíbe para protestar en la reunión o aun de esta humilde manera. El miembro común tiende a creer, como ha sucedido en el pasado, que todo lo que tiene que ver con las elecciones en la iglesia ya está resuelto de antemano; por lo tanto, se mantiene al margen y muchas veces la iglesia pierde un trabajador valioso.

Llevé la revista al cuartito, cerré la puerta y rompí en llanto. Había sido valiente, pero al ver las sugerencias hechas por papá a la convención nacional publicadas fue más de lo que pude soportar. Leí y lloré y volví a leerlas. Escondí la revista detrás del piano junto a la caja y no le comenté nada a nadie del asunto. El cofre de sueños rotos de mi padre continuó siendo un secreto hasta dos años después, cuando cerramos el negocio y nos mudamos con la abuela, dejando el piano. Le di un último vistazo a la cocina vacía con la negra estufa abandonada y el botellón de querosene en un rincón. Fui rápidamente al cuartito y como si fuese un ritual religioso, metí la mano detrás del viejo piano en el que había practicado tantas lecciones y tocado himnos los domingos por la tarde y saqué la caja... el cofre de sueños rotos.

Cuánto agradecí que papá me hubiera mostrado esa caja aquel día o de lo contrario, jamás me hubiera enterado del talento que él tenía. Ese talento se ha transmitido a mis hermanos y a mí y a nuestros hijos.

Papá no me dejó dinero, pero me dejó la caja. El tenía poca educación y ningún título, pero me dio a mí y a mis hermanos un gran amor por la lengua inglesa, sed por la política y la habilidad para escribir. Quién sabe lo que papá hubiera hecho con un poco de estímulo. Si hubiera recibido ocasionalmente algunos cofres de plata, ¿habría sido diferente?

Nunca sabré lo que el Honorable Señor Walter Chapman hubiera sido. ¿Habría en él un novelista o, al menos, un columnista semanal de la *Gaceta de Haverhill?* ¿Hubiera podido su carisma y su sentido del humor convertirlo en un político, o por lo menos, haber llegado a alcalde de Haverhill?

Guardé secretamente la caja con los artículos de papá y la revista por treinta años. Cuando escribí mi primer libro *The Pursuit of Happiness* me acordé de la caja y la saqué a la luz. Enmarqué el artículo al lado de una fotografía de mi padre y su tarjeta de membresía de la iglesia que también estaba en la caja. Cuando regresé a Boston desde California para refrescar mis recuerdos, entré en un negocio que tenía viejas fotografías y autógrafos de gente famosa. Tenían una foto de Henry Cabot Lodge, padre, firmada. La compré y la enmarqué junto a la carta que le enviara a mi padre. Ambas las tengo colgadas en mi estudio y cada vez que las miro me doy cuenta de la importancia de la palabra de aliento.

¿Cuántos de nosotros vivimos con un padre o esposo al que no le conocemos su verdadero talento? ¿Cuántos de nosotros hemos desanimado a otros en la elección de una carrera, porque no nos parecía lógica?

Me acuerdo de la maestra de inglés de secundaria que escuchó mi deseo de ser actriz. Ella no me dijo que mi sueño era ridículo aunque yo sabía que iba a pensar que no lo lograría. En cambio, me alentó para que tomara todos los cursos de disertación y teatro que ofrecía la universidad para que me fuera preparando. Luego agregó: "Pero siempre ten a mano una segunda opción".

Ella combinó las palabras positivas con relación al arte con la realidad de tener una ocupación que me permitiera mantenerme económicamente hasta que me descubrieran.

Muy pocos escritores, artistas, músicos, poetas o pintores podemos vivir de nuestro trabajo, pero no debemos descartar la posibilidad. Debemos animarnos y animar a otros para concretar los sueños. "Pero siempre tenga una segunda opción", por las dudas.

Oliver Wendell Holmes dijo una vez: "Muchos de nosotros morimos con la música dentro".

¿Por qué la mayoría no llegamos a desarrollar todo nuestro potencial? ¿Será porque en algún momento de nuestra vida alguien cuya opinión era importante para nosotros nos desalentó?

Cuando era niña, Francis Steckman soñaba con ser artista. Le encantaba dedicar todos sus ratos libres pintando y dibujando. Cuando cumplió catorce años, Francis escuchó unas palabras de desaliento. Su madre le dijo: "Te vas a morir de hambre si esperas mantenerte con tu trabajo".

Francis me comentó: "Me di por vencida en ese mismo instante y nunca sentí que tuviera talento. Hace unos ocho años atrás, mi marido me alentó para que lo volviese a intentar. Ahora pinto como pasatiempo y me siento muy bien. Lamento los años que desperdicié a causa de esas palabras de desaliento".

Después de escucharme contar la historia de mi padre, Deanne Davis utilizó ese ejemplo para incrementar el diálogo con su esposo. Ella escribió:

> Estamos casados hace más de veintiún años, tenemos un buen matrimonio y los dos nos queremos, pero, últimamente, para mí no ha sido suficiente vivir a la sombra de mi marido y hacer lo que él está haciendo cuando hay tantas otras cosas que me gustan hacer. Siento que también yo tengo talentos y habilidades y me gustaría mucho utilizarlos. Demás está decir que esto causó ciertas fricciones en nuestra relación... cierto distanciamiento... tal vez, cierto resentimiento y, ciertamente, falta de comprensión.
>
> Ultimamente salimos a cenar juntos y de regreso a casa le comenté lo que le había pasado con su padre. Mi marido se conmovió, porque él siempre ha creído que no importa cuán cerca esté de sus hijos, ellos no tienen la menor idea de quién es usted, y su relato se lo confirmó. Seguí contándole acerca de los cofres de plata y le dije que eso era lo que yo más anhelaba hacer, dar cofres de plata, esperanza, hacer que la gente riera y viera a Jesús y el gozo de vivir a la vez.
>
> Por supuesto, comencé a llorar antes de terminar de expresar mis pensamientos, ya que estaba muy emocionada. El también se conmovió hasta las lágrimas y pensé que ahora se daría cuenta lo que pasaba conmigo. Traté que comprendiera que había criado a nuestros hijos, había cumplido con todas mis responsabilidades y ahora quería extender mis horizontes y hacer cosas nuevas.

Cuando el marido de Deanne finalmente comprendió sus deseos genuinos de dar conferencias y ayudar a otros con palabras de estímulo, ya no se sintió amenazado por ese deseo de ella de comunicar la verdad a quien la necesitara.

Cuando conocí a Woody en CLASS, quedé impresionada con su apuesta presencia y su evidente confianza en sí mismo. Como un exitoso hombre de negocio, parecía tener control de la vida, pero cuando conversamos, él me expresó sus deseos de escribir.

"¿Y por qué no?", le pregunté.

'Cuando tenía que escribir algún ensayo en la secundaria, mi maestra me decía que no tenía talento y que no intentara escribir. Yo le creí y nunca escribí ni siquiera una carta'.

"¿Y cómo manejó su negocio sin escribir?"

'Contraté personas que escribesen por mí', me contestó.

Lo alenté diciéndole que ya que era un gran orador, estaba segura que podría escribir si dejaba a un lado el comentario de esa maestra.

Con mis palabras de estímulo, Woody cambió la opinión acerca de sus habilidades, y desde entonces ha escrito varios libros y ha comenzado su propia compañía de publicaciones en la que ayuda a otras personas que se inician en las letras y tienen poca audiencia. Generalmente habla en las conferencias para escritores alentándolos y también ha comenzado un periódico para escritores y disertantes cristianos. A Woody nunca le dieron palabras de aliento, pero le bastó una sola.

Mientras Judy no tuvo un sueño para su propia vida tuvo la suerte que alguien lo tuviera por ella. No fueron ni su madre ni su padre sino la madre de su amiga Michelle quien la alentó. Cuando estaba en la escuela secundaria, Judy y sus amigas decidieron ir a ayudar a un hospital y ella quería repartir caramelos. No tenía muchas ganas de hacer trabajo voluntario como enfermera en un hospital así que eso le pareció una gran idea. Se compró su uniforme rayado blanco y rojo y se preparó para servir a los enfermos. Durante el período de entrenamiento tuvo un cambio de opinión con una de las chicas y optó por pensar que esa clase de trabajo no era para ella, de todas maneras.

Judy dice: "Llamé a mi amiga Michelle para ofrecerle mi uniforme recién comprado. Michelle no estaba en casa, atendió el teléfono su mamá y recibió el recado. Cuando le hablé del uniforme, esta sabia mujer me dijo: '¿Por qué permites que las opiniones de las otras chicas influyan en ti? Tú eres inteligente y agradable, seguramente habrá mucha gente a la que puedas ayudar. De todas las chicas, creo que tú serías la mejor para el trabajo. Sé que eres lo suficientemente inteligente como para no abandonarlo debido a unas amigas desconsideradas'".

Este comentario positivo hizo que Judy se detuviera a pensar menos emocionalmente. Con el correr del tiempo, ella es la única que está encantada con la enfermería. Judy decidió seguir la carrera de enfermera y ya lleva dieciséis años en la profesión. Judy ha tomado su trabajo como una oportunidad para testificar. Ella me dijo: "Dios me ha usado en las horas tempranas de la mañana para ministrarle a los pacientes que se recuperan de una cirugía. Todo gracias a las palabras de estímulo de la mamá de Michelle. Mi trabajo me da alegría. No sé dónde estaría ahora si no hubiera sido por ella. Durante los muchos períodos en que mi marido estuvo desempleado, hemos sobrevivido gracias a mi trabajo".

Mi hija Marita me escribió contándome de su amiga Sherry.

"Me resulta difícil imaginarme a una persona que tiene una fuerte inclinación en algún área y a la que se le dice: 'nunca lo lograrás' o 'no eres lo suficientemente inteligente como para eso' o '¿por qué tienes tanto interés en hacer eso?'

»Ahora veo la importancia de haber sido criada en un ambiente estimulante. He hablado con tantas personas que han recibido palabras desalentadoras, que ahora me doy cuenta que la clase de hogar en el que he crecido es una excepción a la regla.

»Mi amiga Sherry siempre deseó ser médico. Cuando demostró interés en esa profesión, su madre le dijo que nunca lo lograría. Sherry me dijo: 'Así que nunca lo intenté'.

»Sherry creció sintiendo que no servía para nada.

»Recientemente, Sherry le entregó su vida al Señor y él le abrió un nuevo camino. Se graduó en mayo en San Diego

State y comenzará un programa de enseñanza en el otoño. Sherry no será médico pero está emocionada al pensar que podrá ser de estímulo para jóvenes en necesidad".

Andrew Murray afirma: "Desde el principio, los jóvenes cristianos deben entender que han recibido la gracia con el propósito de ser bendición a otros. Por favor, no se guarde para usted lo que el Señor le ha dado para que trasmita a otros. Déle al Señor su vida entera, entréguese completamente, para que El pueda usarlo como canal de bendición para otros. Esa es la forma de ser bendecido abundantemente".[5]

Cuando nosotros, como Sherry, le ofrecemos nuestro futuro al Señor, podemos esperar "bendiciones abundantes".

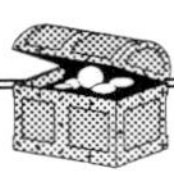

Todos necesitamos ser alentados. Podemos vivir sin el estímulo de igual manera en que un árbol joven vive sin fertilizante, pero hasta que no recibimos ese cálido nutriente no alcanzamos todo nuestro potencial y, como el árbol abandonado a su suerte, raramente damos fruto. Mi padre no produjo mucho fruto en su vida, sólo unos artículos sueltos y una carta de un senador. No vivió lo suficiente como para ver a uno de sus hijos triunfar en la vida, pero debido a que nos alimentó la mente y el espíritu, debido a que fertilizó nuestra creatividad, todos nosotros hemos llegado a ser árboles saludables que damos mucho fruto.

Mi hermano Ron es la persona más conocida en la ciudad de Dallas, Texas, con su programa radial en el cual estimula a la gente cada mañana. Los anunciantes pagan altos precios por salir treinta segundos al aire en su show, porque saben que les va a redituar. Debido a que sus oyentes creen en él, su programa se ha mantenido por espacio de doce años siendo el número uno. De acuerdo al *Dallas Morning News*[6] que publicó una página entera con su fotografía y tres páginas con un artículo, "la lealtad de la audiencia de Ron es legendaria". Escribieron acerca de su famosa promoción de abril de 1988, en la cual, espontáneamente les pidió a sus oyentes que le enviaran veinte dólares, sin ninguna razón especial. En tres días recibió más de 240.000 dólares sin limitaciones. Lo dio todo para obras de caridad en la zona, incluyendo el Ejército de Salvación. El artículo destacaba que "la confianza de la audiencia está puesta en el corazón de la promoción más exitosa de Chapman". Lo citaron a él diciendo: el hecho de que podamos hacerlo sentir bien con usted mismo y que ría cuando no quiere hacerlo, es un enorme servicio. Mi programa es ligero pero hay algo más que eso, estoy convencido, o de lo contrario no lo estaría haciendo.

Dando palabras de aliento, convirtiendo a Dallas en una ciudad feliz y haciéndolo con humor y estilo le ha servido a Ron para recibir el premio *Billboard* 1988 como "La personalidad del año, la persona más destacada de la radio en música contemporánea para adultos de los Estados Unidos.

Ron dice de papá: "El manejó el negocio como si fuera un espectáculo. Uno no podía sacarlo de allí porque esa era su vida. Yo tengo mi espectáculo, él tenía su negocio".

Todos crecimos en ese negocio que fue nuestro campo de entrenamiento en la vida con gente que nos alentaba. Ese fue nuestro escenario, nuestra tarima de ensayo para una vida creativa. Mi hermano Jim heredó de papá el don de la palabra, junto con el talento de mi madre para la música. El ha compuesto varias canciones, tanto la letra como la música, ha conducido musicales y escribe muchos de sus sermones en verso. Como capellán de carrera de la Fuerza Aérea ha recibido el premio al capellán joven sobresaliente del Comando Estratégico Aéreo. Con dos títulos universitarios, él ha usado sus talentos para ministrar a otros a través de la predicación, la enseñanza y la consejería. Actualmente es pastor de la iglesia de Bath en Ohio. Ha criado seis hijos que se destacan por su creatividad y que son el fruto permanente en su árbol familiar.

En su prédica navideña de 1988, Jim dio en verso a la congregación su mensaje acerca del compromiso que los cristianos tenemos como padres para preparar a nuestros hijos en el mundo actual.

Cada vez que un padre le enseña a su hijo la maravillosa buena nueva del evangelio,

Cada vez que una madre asume un compromiso, y es Cristo a quien ella elige,

Cada vez que un padre toma decisiones cristianas en medio de muchas tentaciones,

Ese padre prepara en el corazón de ese niño la encarnación de Jesucristo,

Cada vez que un hombre de negocios se mantiene firme en lo que es justo y desafía a todos los ídolos de oro,

Cada vez que él hace lo que su conciencia le indica, está dando el mensaje de Jesús,

Cada vez que una médica trabaja de noche para sanar un alma doliente,

Cada vez que se da a sí misma para restaurarlo, ella está cubriendo el lugar sanador de Cristo,

Cada vez que un adolescente vence a la tentación y sigue la enseñanza, camino angosto,

Cada vez que él elige la moral de Dios, ha acercado el día de Cristo,

Cada vez que un abogado se preocupa más por hacer justicia que por lo que va ganar,

Cada vez que arriesga su credibilidad en favor del derecho, nuestro Señor es recompensado por Su sufrimiento,

Cada vez que una maestra soporta la frustración debido a la insolencia de los alumnos y sus compañeros,

Para llegar al único niño que sí quiere aprender, está soltando el yugo de la mente,

Cada vez que uno de nosotros conocemos a alguien que necesita saber que nos importa:

Como nos queremos el uno al otro, nos regocijamos en Su Palabra, esa es realmente la gente que comparte

Y llega al hermano, anima a la hermana en el sagrado nombre de Cristo Jesús,

Sacamos de su alma, removemos de su mente el dolor, la culpa y la vergüenza.

Cada vez que nosotros, como iglesia del Maestro, respondemos (porque nuestras bendiciones son muchas)

Aquellos que nos rodean sin nuestra compasión, difícilmente encontraremos alguna.

Cada vez que hagamos esto, solos o como cuerpo en el nombre del Niño del pesebre,

Estamos colaborando para despejar el camino en la ruta de Dios para el dolido, el pobre y el extranjero.

Aunque mi padre murió con la música dentro de sí mismo, dejándonos sin dinero y con una caja de sueños rotos, su herencia de amor, creatividad y sus palabras de estímulo las tenemos con nosotros en nuestro árbol, en nuestros hijos y en nuestros nietos. Somos el producto de estuches de plata que él envolvió para nosotros. Nosotros no moriremos con la música dentro nuestro.

La esperanza que se demora es tormento del corazón; pero árbol de vida es el deseo cumplido.

(Proverbios 13:12)

Cofres de música

En los muchos años que llevamos de matrimonio, nunca llegué a conocer realmente a la madre de Fred. Ella era cálida, extravertida y amigable, pero nunca supe cómo era ella verdaderamente en su interior. Admiraba su habilidad para relacionarse con gracia, vestirse con gusto y conversar animadamente. Era una de esas personas a quien todos conocemos, se destacan, pero que de alguna manera son intocables, una persona que levanta una pared invisible alrededor de sí misma. Y mientras uno no pueda ver la rajadura siente la barrera de separación.

Mamá siempre tenía alguna actividad para hacer. Ahora me doy cuenta que esa constante ocupación era para tener su mente ocupada y no verse tal cual era o para impedir que otros lo hicieran. Nos llevábamos bien aunque nuestra relación fue superficial hasta aquella tarde en su departamento de Miami cuando nos encontramos totalmente solas.

Me pregunté a mí misma qué decirle. Nunca habíamos conversado antes, realmente. Todo lo que se me ocurrió fue ese antiguo cliché: "¿Cómo era cuando era joven?"

Ella contestó alegremente y comenzó a contarme sus vivencias cuando estaba en la universidad de Cornell. De pronto, noté que estaba radiante y parecía más joven que nunca.

'Tuve un novio', dijo emocionada. Nunca me había puesto a pensar en que mi suegra hubiera tenido un novio. 'Era tan buen mozo y divertido. Iba a ser abogado. Yo estaba tan enamorada de él'.

"¿Qué pasó?", le pregunté sabiendo que esa historia no tendría un final feliz.

'Bueno, un fin de semana lo traje a casa y mi madre le preguntó acerca de su familia. Más tarde, mi madre me dijo que él no era para mí, porque su familia no tenía mucho dinero. Mi madre siempre decía: 'Puedes enamorarte de un hombre rico tan fácilmente como de uno pobre'. Seguimos viéndonos y para la época de la graduación acordamos comprometernos. En el verano íbamos en dirección opuesta, pero en el otoño él iba a llamarme para encontrarnos."¿Y qué pasó?" De repente, se detuvo. Tenía una expresión tensa en el rostro y dijo simplemente: 'El jamás llamó'.

"¿Nunca llamó?", le pregunté.

"Nunca".

"¿Y por qué usted no lo llamó a él?"

"En aquella época, las chicas no llamaban a los muchachos. Además, muy pocos teníamos teléfono. Esperé su llamada, pero él nunca la hizo".

La historia había llegado a un final conmovedor. Mientras trataba de decir algo apropiado, ella agregó: "Pero ese no es el final de la historia. Hace unos años fui a una fiesta y al mirar al otro lado de la sala, vi a un hombre de aproximadamente setenta años que tenía los rasgos de aquel joven que yo había amado. Me acerqué como para poder mirarlo y él al verme me dijo sorprendido: 'Tú eres Marita'. Yo le contesté: "Tú eres John". Mientras nos quedábamos agradablemente impactados le hice la pregunta que había estado en mi mente durante todos esos años: "¿Por qué nunca me llamaste?" 'Por supuesto que te llamé. Siempre atendía tu madre y me decía que tú no me amabas y que le habías pedido que dijera que no llamara más. La última vez que llamé me dijo que estabas comprometida con otro hombre'".

Al contarme esta increíble historia ella dijo: "Las palabras de mi madre me arruinaron la vida".

Después de llorar juntas me contó el final. Su madre le presentó a Fred Littauer diciéndole que era un "buen hombre perteneciente a una familia acaudalada. Se dedican al negocio de la seda".

Ella salió con él por despecho y se casaron. Al concluir la historia, agregó: "Pero yo nunca estuve enamorada de él. Aprendí a ocuparme de él y le di cinco hijos. El era un buen hombre pero nunca estuve enamorada de él".

Para romper el silencio que siguió, le pregunté: "¿Qué hubiera querido ser en la vida?"

"Cantante de ópera", respondió rápidamente. "Me gustaba estudiar música, pero mis padres creían que era una pérdida de tiempo y que haría más dinero en el negocio de los sombreros. Pero yo formaba parte del elenco en la universidad y tenía que dirigirlo".

Se levantó rápidamente y fue en busca de una caja de viejas fotografías. Me mostró una grande donde estaba con todo el elenco. "Ahí estoy yo", dijo señalando orgullosamente a una confiada y bella muchacha sentada en una silla de estilo en el centro del escenario; obviamente, era la estrella del espectáculo.

Yo nunca supe que ella tuviese aspiraciones operísticas y compartí con ella mi amor por el teatro y que aspiraba a ser actriz hasta que la maestra de drama me dijo que tenía más habilidad para dirigir a otros.

Miramos su foto sobre el escenario y luego me la dio."Toma, puedes quedarte con ella. Dásela a tu hija Marita. Ella se llama como yo. Que sepa que su abuela pudo haber sido una cantante de ópera si tan sólo la hubiesen alentado".

Le saqué una copia a la foto para poder tener yo también una conmigo. Generalmente la muestro cuando diserto sobre cofres de plata y me asombro al ver cuanta gente se me acerca para contarme de sus talentos musicales interrumpidos debido a algún comentario desalentador. De todas las cartas y comentarios recibidos, el tema que prevalece es el de la música.

Cuando Tammi cursaba cuarto grado intentó integrar el grupo de canto. Durante el proceso de selección la maestra le dijo que ella no tenía voz para cantar y que no volviera a intentarlo. Debido a esto ella no volvió a cantar. Cuando su hijo quiso probarse para cantar en el coro de jóvenes de la iglesia, ella lo desanimó diciéndole que tenía "poca voz" y que no lo eligirían.

¿No es asombroso que intentemos hacerle a los demás lo mismo que nos han hecho a nosotros aunque sea sin ninguna conexión aparente?

Cuando tuvo treinta años, Tammi le confesó a su madre que nunca había cantado debido al comentario de la maestra."Era tan tímida, me avergonzaría si fallaba". Cuando su hijo se encontró en una situación similar, su reacción emocional negativa fue para evitarle a él el rechazo.

Han pasado muchos años y Tammi no puede tomar el himnario en la iglesia sin escuchar a la maestra diciendo: "No puedes cantar". ¡Cuán cuidadosos debemos ser con nuestras palabras si consideramos el poder para el bien o para el mal que hay en una simple frase!

Santiago 3:6 dice: la lengua es un fuego, un mundo de maldad. La lengua está puesta entre nuestros miembros y contamina todo el cuerpo e inflama la rueda de la creación y ella misma es inflamada por el infierno.

No debemos permitir que el fuego de las palabras desagradables salgan de nuestra boca o invadan nuestro cuerpo.

Después de oír mi disertación sobre los cofres de plata, Pat me contó esta anécdota sobre su hija quien ahora tiene quince años. "Cuando tenía tres o cuatro años le encantaba cantar. Ella siempre cantaba pero en la iglesia se esmeraba en la vocalización. Con frecuencia, el pastor le comentaba cuanto disfrutaba oyéndola cantar y cuando ya fue mayorcita el coro la invitaba a acompañarlos. ¡Se sentía tan orgullosa! Ahora, por favor, entiéndame, sus palabras no eran las mismas del himnario y lo que ella entonaba no era lo que el coro estaba cantando, pero yo siempre supe que sus canciones eran un agradable sonido en los oídos del Creador.

»Un día mi madre vino a la iglesia con nosotros. Ella no comprendía el frágil corazón de una niña y no sabía lo que sus palabras podían causar; hasta el día de hoy que no lo comprende. Cuando comenzó la música y nos pusimos de pie, mi hija comenzó a alabar al Señor en voz alta. 'Jesús, feliz cumpleaños. Te amo'. Mi madre le dijo que se callara, que era muy alto, que no sabía la letra y que estaba pasando vergüenza. Mi hija no volvió a cantar jamás. De hecho, hasta el día de hoy muy raramente canta y nunca demasiado alto.

»Su mensaje acerca de los cofres de plata me recordó este incidente y la poca sensibilidad de mi madre durante mi propia niñez, pero a la vez sentí tanta lástima por mi madre. Supongo que ella nunca recibió tampoco mucho afecto. Pero cuánto me reconforta el haber podido darles a mis hijos palabras cordiales y ahora esas palabras tienen nombre: "¡cofres de plata! ¡Los mejores regalos en la vida son los que vienen en cofres de plata porque son los que más duran!".

El mensaje de los cofres de plata ha inspirado a mucha gente a devolver esos cofres de plata a quienes les han dado tantos. El señor Aldstadt fue de estímulo para Kim cuando ella estaba en la secundaria. Después de escucharme hablar, ella decidió mandarle una cinta grabada con una nota de agradecimiento por haberla alentado. Kim dijo: "El señor Aldstadt fue la fuente de agua fresca cuando me estaba secando en el océano de la negatividad". Kim pertenecía a una familia donde se decían pocas palabras positivas. En la época en que estuvo en la clase del señor Aldstadt murieron sus dos abuelas, su abuelo la molestaba, sus padres eran alcohólicos y ella tenía que atender a sus hermanastros. Efectivamente, Kim vivía en un "océano de negativismo".

Kim tocaba la viola y el señor Aldstadt era su maestro de música. Ya que ella no se destacaba en música, él la animaba y le decía que era talentosa. Le pedía que les enseñara a los nuevos alumnos y le repetía que era la única verdadera soprano adolescente que jamás había escuchado. El la hacía sentir bienvenida a la escuela y le sonreía en los pasillos. Participó en una función de prueba en la orquesta de la escuela secundaria y aunque ella se ubicó en la última silla, él le permitió sentarse en la primera. Diez años después, cuando el señor Aldstadt le estaba enseñando a la hermanita de Kim, ella visitó la clase. El maestro le hizo poner de pie y le dijo a todos los alumnos lo talentosa que era. ¡Verdaderamente que él era una fuente de agua fresca!

El señor Boettgu tenía una manera tan peculiar de estimular a sus estudiantes que Sally Cummins nunca la olvidaría. El señor "B", como lo llamaban, era su maestro de música. Semanalmente él seleccionaba a un estudiante y escribía su nombre en la pizarra. Todos debían pensar en algo positivo acerca de esa persona. El caminaba por el aula y cada alumno debía hacerle un comentario positivo que se agregaba a la creciente lista de la pizarra. Sally escribió: cuando llegaba mi turno copiaba la lista y la llevaba conmigo a todas partes. Cuando me sentía mal la sacaba, desdoblaba el papel y leía el precioso tesoro. Esos comentarios siempre me hacían sentir mucho mejor.

Michele tocaba el clarinete en la banda de quinto grado. A ella le gustaba tocar la flauta pero el clarinete de su hermana se "iba a desperdiciar" y sus padres no podían comprar otro instrumento musical. Ella no disfrutaba tocando el clarinete, pero como le gustaba la música y el clarinete era todo lo que tenía, hizo lo mejor que pudo. El sonido era discordante y no le permitían practicar lo suficiente debido a las tareas escolares y responsabilidades hogareñas. Michele me dijo: "Creí que nunca lo tocaría mejor". Hasta en la clase el clarinete sonaba discordante y hacía unos sonidos tan desagradables que la hacían llorar de frustración. El señor Pelossi que era el maestro de música, continuó animándola. Cuando ella lloraba, él la abrazaba y le decía: sigue ensayando. Serás la mejor. Durante toda la escuela secundaria él fue su consejero, amigo y padre sustituto.

Michele dice: "Jamás lo olvidaré. ¡Alabado sea Dios por haberlo puesto en mi vida!"

Hace un año, después de haber escuchado mi mensaje de cofres de plata, Gayle me contó la siguiente historia. "En mi casa no se hablaba mucho, ni palabras de estímulo ni palabras de desánimo. Tuve una maestra en octavo grado que sí fue de estímulo para mí. Ella me sugirió que integrara el grupo coral de las niñas. Me aceptaron. Ese fue el inicio de mi amor por el canto que recién afloraba a la superficie. El grupo lo integrábamos ocho personas que interpretábamos canciones tradicionales cristianas y recorrimos todo el sur de California por espacio de dos años. Durante todo ese tiempo nadie de mi familia vino a escucharme ni demostraron interés alguno en lo que yo estaba haciendo. Aunque tampoco me desalentaron, la falta de cofres de plata me desanimó de tal manera que jamás volví a cantar".

Un año después que la semilla del estuche de plata fuera plantada, Gayle está empezando a "escuchar nuevamente la música". Gayle, no mueras con la música dentro de ti.

Siendo niña, Sandy soñaba con integrar el grupo musical de la familia de su madre que eran muy aficionados y los invitaban con frecuencia a cantar en distintas iglesias. Se pasaba horas aprendiendo la letra de las canciones y estudiando su parte para que cuando fuese más grande pudiera integrar ese grupo. Practicaba por su cuenta cuando no había nadie en casa. Una noche estaba limpiando la cocina y cantando uno de los himnos a todo pulmón. Su madre y su tía llegaron sin que ella se diera cuenta y la escucharon cantar. Ella fue al comedor a limpiar la mesa y escuchó la conversación entre ambas.

"¿Escuchaste a Sandy cantando?"

'¿No es lamentable?'

Cuando Sandy me contaba la triste anécdota, dijo: "Hasta el día de hoy no he vuelto a cantar delante de nadie aparte de mis nietos. Hace poco, cuando le estaba cantando a mi nieto Evan me puso sus manitos en las mejillas y acercándome hacia él me dijo: '¡Abuelita, cantas tan lindo!'"

Todos estos años, Sandy ha dejado de lado su vocación por el canto. Aunque nunca hubiera llegado a ser una gran cantante, pudo haber disfrutado del placer de cantar si tan sólo hubiera sido alentada.

> "Cantad con gozo a Dios, fotaleza nuestra;
> al Dios de Jacob aclamad con júbilo.
> Entonad canción y tañed el pandero,
> el arpa deliciosa y el salterio".
>
> Salmo 81:1-2

Un pastor me comentó que le hubiera gustado tocar el violín. Tomó lecciones siendo niño y practicó muchísimo. Estaba orgulloso de lo bien que lo hacía, y su maestro lo alentaba. Pero un día él escuchó a su padre gritándole a su madre: "¿Puedes hacer callar a ese chico? ¡No soporto más ese chillido!" El chico se calló para siempre. Me dijo: "Dejé el violín y jamás lo volví a ejecutar".

Cuando Kristina Lemons tenía catorce años le encantaba tocar el piano. Intercalaba distintas variaciones en la música que ejecutaba y creaba una nueva canción. En una oportunidad estaba tocando en el sótano de la iglesia cuando entró la esposa del pastor y la escuchó. Ella alentó a Kristina pidiéndole si podía interpretar eso mismo como "música especial" en la iglesia.

Kristina recuerda el cofre de plata especial que recibiera ese día. "Cuando terminé de interpretar la música ese domingo en la iglesia, se me acercó una señora para decirme que era la más hermosa melodía que jamás hubiera oído. Me preguntó quién la había escrito. Cuando le dije que yo la había compuesto, se quedó asombrada y se comprometió a orar para que yo pudiese escribir otros bellos temas musicales. Dijo que debería publicarse".

"¡Jamás en mi vida me sentí tan inspirada para componer música!"

Todos sabemos que vivir del arte, el teatro o la música no es fácil. En la familia de Judy ser bailarina no solamente era desalentador sino ridículo. Sus padres se burlaban de ella diciéndole que no podría ser bailarina porque era demasiado grande. Judy recuerda: "De hecho, en mi familia, si alguien cometía alguna torpeza se decía: 'haciendo las de Judy'". Este constante recordatorio de cuán torpe era, hizo que abandonara toda idea de llegar a ser bailarina y anduvo por la vida a los tropezones y dejando caer las cosas.

Muchos años después recibió sorpresivamente una carta de su madre. En la carta, la madre le explicaba que nunca había podido decirle a Judy que la quería, o que era bonita pero que quería que supiera que la amaba y que se sentía orgullosa de ella. Qué lástima que las palabras de la madre de Judy llegaron demasiado tarde. En otra ocasión, el padre de Judy le escribió una carta diciéndole que la quería. Judy dice: "Creo que nunca me lo habían dicho antes. Estas cartas son lo único que me queda ahora de mis padres. Yo atesoro estos cofres de plata".

Dando una conferencia en una universidad cristiana, les hablé a los alumnos sobre los cofres de plata. Al terminar, Dina se me acercó para decirme que había conocido a la madre de Fred cuando ella era una niña y quería ser cantante. "Me crié en el sur y me enseñaron desde un principio que no había esperanza para nosotros los negros. Yo cantaba para divertirme y jamás esperé hacer nada con la música. Estudié con ahínco e ingresé a esta universidad. Tomé clases de música y el maestro me dijo que tenía una voz poco común y que debería tratar de tomar parte en la ópera *La Boheme.* Jamás había visto una ópera, pero fui al ensayo y tomé el papel de Mimi. No podía creer que una pobre chica negra pudiese tener un papel estelar en una ópera".

Cuán agradecida estaba Dina al maestro que le dio las palabras de estímulo necesarias.

Un domingo por la mañana, al finalizar el mensaje sobre los cofres de plata en una iglesia, se me acercó un joven con mirada triste.

"¿Tiene idea de las puertas que nos ha abierto hoy en nuestra mente?" Lo miré anonadada mientras se le llenaban los ojos de lágrimas y agregaba: "Usted me ha hecho ver lo que yo hubiera podido ser si alguien me hubiera estimulado".

"¿Qué habría sido?", le pregunté.

"Hubiera sido pianista pero a mi familia no le gustaba oírme practicar y me llamaban Liberace. Cada vez que me sentaba a practicar ellos decían: 'Saca el candelabro, nos va a deleitar con su música otra vez. No pude soportar sus provocaciones así que lo abandoné'".

—"¿Cuántos años tienes?"

—"Veintiséis".

—"Todavía eres joven. Puedes empezar de nuevo"—le dije afirmativamente.

—"Pero ellos no creen que yo sea bueno".

Le expliqué a este joven que tenía dos opciones. Podía seguir por la vida emocionalmente lisiado debido a las palabras de su familia o podía asumir que ellos probablemente creyeran que habían sido graciosos y él podía dejar a un lado sus comentarios y seguir adelante con su música.

—"Pero cada vez que me siento a tocar oigo sus risas burlonas".

Este sensible y melancólico joven llamado Jim había sido condicionado tan negativamente por las palabras de su familia que no se podía hacer a la idea de dejar el dolor atrás y seguir adelante.

Intenté algo diferente. "¿Te das cuenta que al negarte a continuar con la música estás permitiendo que tu familia controle tu vida? Aunque ellos no estén de cuerpo presente en la sala de tu casa, están en control si el pasado te dicta tu conducta actual. Seguramente ellos se han olvidado de los comentarios que hicieron y tú estás dejando que sus antiguas opiniones no te permitan funcionar a plenitud".

Repentinamente sus ojos se iluminaron. "Me han estado manejando, ¿verdad?"

—"Así es"—le contesté—. "¿No crees que ya es hora de que crezcas y te deshagas de las restricciones del pasado?

Tienes veintiséis años. ¿Tus padres deben seguir estando en control de tus emociones?"

—"Creo que nunca lo había pensado de esta manera".

—"¿Quién debe estar en control de tu vida?"

—"¿El Señor Jesús?"—preguntó dudando.

—"Correcto"—le respondí—.

"Romanos 12:1-2 nos dice que debemos dejar que el Señor controle nuestra vida, que debemos permitirle a El transformarnos y renovar nuestra mente para que sepamos cual es la buena, aceptable y perfecta voluntad de Dios para nosotros. ¿Tú crees que la voluntad de Dios para tu vida es que estés abatido y desanimado, que vivas una vida de frustración porque nunca lograrás alcanzar a desarrollar todo tu potencial o a usar todo el talento que El te ha dado para su gloria?"

Al llegar a este punto, Jim estaba llorando y apoyó la cabeza en mi hombro. Comencé a orar para que Dios pudiera sacarle los pensamientos negativos de su mente que le habían impedido progresar en la vida. Le pedí a Dios que lo liberara de las cadenas del pasado que lo tenían esclavizado emocionalmente. Cuando dije "amén" ya había recuperado el aliento y me miró con una leve sonrisa.

Le sugerí que comenzara a practicar inmediatamente y que le comentara a su madre que empezaría a tocar de nuevo como para tantear su reacción actual.

Dos semanas después recibí una carta de Jim diciéndome que jamás en su vida se había sentido tan bien. Había llamado a su madre para comunicarle su deseo de comenzar a tocar el piano nuevamente. Quedó pasmado cuando ella le dijo: "Ya era hora. Todos nos preguntábamos por qué lo habrías dejado ya que lo hacías tan bien".

"Imagínese"—escribió— me he pasado todos estos años controlado por unas palabras que no significaban lo que ellos habían querido decir. Finalmente soy libre para ser yo mismo".

En los últimos años de vida de mamá Littauer su lúcida mente se oscureció, le fallaba la memoria y su capacidad para hablar cesó. Cuando íbamos a visitarla, la encontrábamos linda pero en silencio. Ella nos sonreía como si fuésemos algún transeúnte desconocido que se paraba a tomar un té. Cuando intentábamos hablar con ella nos miraba como si estuviéramos haciéndolo en algún idioma extraño. Al ver a esta mujer a la que recordábamos con todo su dinamismo y fortaleza sentada silenciosamente mirando hacia la nada, nos producía un espantoso sentimiento, como si estuviésemos cenando en un sepulcro con la muerte viviente. Ella podía comer y moverse mecánicamente, pero su mente y su boca estaban desconectadas.

Le pregunté a la enfermera que la atendía: "¿Mamá habla alguna vez?"

'No. Nunca pronuncia ni una sola palabra'.

Mientras conversábamos acerca de la tragedia de haber perdido una mente brillante, la enfermera hizo un comentario muy interesante.

'Es algo muy extraño. Ella no habla pero con bastante frecuencia canta ópera'.

La enfermera, quien no sabía nada de los deseos reprimidos de mamá, se maravilló de que pudiese cantar y que no pudiera decir una sola palabra.

¿No es sorprendente que los deseos no realizados estén grabados en nuestra mente de manera tan indelebles que aunque se pierda todo, eso no se borra?

La noche anterior a la muerte de mamá Littauer, la enfermera nos contó que se había parado al lado de la silla después de comer y había comenzado a cantar. Había montado un espectáculo y la enfermera la había aplaudido al tiempo que mamá hacía una inclinación de cabeza y sonreía. A la mañana siguiente, cuando la enfermera entró, mamá estaba acostada con las manos entrelazadas sobre su pecho y una sonrisa en el rostro. Había cantado su última canción en la tierra y los ángeles la habían aplaudido.

Mamá tenía un talento que no había desarrollado nunca, un cofrecito musical que nunca había esparcido su melodía, una carrera que jamás había comenzado.

Mamá murió con la música dentro de ella.

En los últimos años, al compartir la historia de la caja de escritos de mi padre y la caja de viejas fotos de la madre de Fred, —ambas, cajas de sueños rotos, cajas llenas de lo que pudiera haber sido— la gente me ha contado infinidad de casos de deseos incumplidos, anhelos que se abandonaron o fueron derribados por una palabra desconsiderada, un comentario sarcástico, o por el temor al fracaso. He hablado con tantas personas que habían tenido grandes ilusiones pero que se hicieron añicos contra la roca de la realidad al escuchar el comentario práctico de un padre que mataba un sueño en gestación o tantos otros cuyas emociones morían con la música aún dentro de ellos.

Conoce a alguien que tiene:

"¿Una canción para ser cantada,
alguna pintura esperando ser colgada de la pared,
una pieza musical para ser ejecutada,
una obra de teatro para representar,
un cuento para ser contado,
un libro para ser vendido,
una rima esperando ser leída,
un discurso para ser dicho?"

Si es así, no permita que muera con la música dentro.

Las misericordias de Jehová cantaré perpetuamente; de generación en generación haré notoria tu fidelidad con mi boca.

(Salmo 89:1)

NOTAS

1. David Dunn, *Try Giving Yourself Away, (New York:Prentice-Hall, Inc.,1947), 4.*

2. Ibid.

3. Ibid.

4. Florence Littauer, *Raising the Curtain on Raising Children, (Waco, TX: Word Books, 1988), 299.*

5. Andrew Murray, *Living the New Life*, (Springdale, PA: Whitaker House, 1982), 137.

6. Dallas Morning News, february 5, 1989.

Cofres de plata
Tipos

Direcciones. En cada una de las siguientes columnas de cuatro palabras, coloque una X enfrente de la palabra que se aplica a usted más a menudo. Continúe a través de las cuarenta líneas. Asegúrese de que cada número esté marcado. Si no está seguro de cuál es la palabra "se aplica más", pregúnteselo a su pareja o a una amistad.

AREAS FUERTES

1	______	Aventurero	______	Adaptable	______	Animado	______	Analítico
2	______	Persistente	______	Juguetón	______	Persuasivo	______	Plácido
3	______	Sumiso	______	Abnegado	______	Sociable	______	Decidido
4	______	Considerado	______	Controlado	______	Competitivo	______	Convincente
5	______	Entusiasta	______	Respetuoso	______	Reservado	______	Inventivo
6	______	Contento	______	Sensible	______	Autosuficiente	______	Enérgico
7	______	Planificador	______	Paciente	______	Positivo	______	Activista
8	______	Seguro	______	Espontáneo	______	Puntual	______	Tímido
9	______	Ordenado	______	Atento	______	Abierto	______	Optimista
10	______	Amigable	______	Fiel	______	Chistoso	______	Dominante
11	______	Osado	______	Encantador	______	Diplomático	______	Detallista
12	______	Alegre	______	Constante	______	Culto	______	Confiado
13	______	Idealista	______	Independiente	______	Inofensivo	______	Inspirador
14	______	Demostrativo	______	Decisivo	______	Humor seco	______	Profundo
15	______	Conciliador	______	Músico	______	Instigador	______	Cordial
16	______	Considerado	______	Tenaz	______	Hablador	______	Tolerante
17	______	Escucha	______	Leal	______	Líder	______	Vivaz
18	______	Contento	______	Jefe	______	Organizado	______	Listo
19	______	Perfeccionista	______	Tolerante	______	Productivo	______	Popular
20	______	Jovial	______	Atrevido	______	Bien portado	______	Equilibrado

DEBILIDADES

21	______	Soso	______	Apocado	______	Estridente	______	Mandón
22	______	Indisciplinado	______	Antipático	______	Sin entusiasmo	______	Implacable
23	______	Reticente	______	Resentido	______	Resistente	______	Repetidor
24	______	Exigente	______	Temeroso	______	Olvidadizo	______	Franco
25	______	Impaciente	______	Inseguro	______	Indeciso	______	Interrumpe
26	______	Impopular	______	No comprometido	______	Imprevisible	______	Sin afecto
27	______	Terco	______	Descuidado	______	Difícil de complacer	______	Tolerante
28	______	Insípido	______	Negativo	______	Orgulloso	______	Vacilante
29	______	Iracundo	______	Sin motivación	______	Argumentador	______	Taciturno
30	______	Ingenuo	______	Negativo	______	Nervioso	______	Desprendido
31	______	Ansioso	______	Abstraído	______	Adicto al trabajo	______	Indiferente
32	______	Susceptible	______	Indiscreto	______	Tímido	______	Manipulador
33	______	Dudoso	______	Desorganizado	______	Dominante	______	Deprimido
34	______	Inconsistente	______	Introvertido	______	Intolerante	______	Emotivo
35	______	Desordenado	______	Temperamental	______	Quejumbroso	______	Manipulador
36	______	Lento	______	Testarudo	______	Ostentoso	______	Escéptico
37	______	Solitario	______	Prepotente	______	Perezoso	______	Variable
38	______	Sin ambición	______	Suspicaz	______	Malgeniado	______	Divagador
39	______	Vengativo	______	Inquieto	______	Renuente	______	Precipitado
40	______	Aventurero	______	Crítico	______	Doble	______	Voluble

Ahora transfiera todas las palabras marcadas con X a la tabla de evaluación y ponga los totales

PERFIL DE LA PERSONALIDAD

AREAS FUERTES

	SANGUINEO POPULAR		COLERICO FUERTE		MELANCOLICO PERFECTO		FLEMATICO PASIVO
1	______	Animado	______	Aventurero	______	Analítico	______	Adaptable
2	______	Juguetón	______	Persuasivo	______	Persistente	______	Pasivo
3	______	Sociable	______	Decidido	______	Abnegado	______	Sumiso
4	______	Convincente	______	Competitivo	______	Considerado	______	Controlado
5	______	Entusiasta	______	Inventivo	______	Respetuoso	______	Reservado
6	______	Sensible	______	Autosuficiente	______	Enérgico	______	Contento
7	______	Activista	______	Positivo	______	Planificador	______	Paciente
8	______	Espontáneo	______	Seguro	______	Puntual	______	Tímido
9	______	Optimista	______	Abierto	______	Ordenado	______	Atento
10	______	Humorístico	______	Dominante	______	Fiel	______	Amigable
11	______	Encantador	______	Osado	______	Detallista	______	Diplomático
12	______	Alegre	______	Confiado	______	Culto	______	Constante
13	______	Inspirador	______	Independiente	______	Idealista	______	Inofensivo
14	______	Cálido	______	Decisivo	______	Introspectivo	______	Humor seco
15	______	Cordial	______	Instigador	______	Músico	______	Conciliador
16	______	Hablador	______	Tenaz	______	Considerado	______	Tolerante
17	______	Vivaz	______	Líder	______	Leal	______	Escucha
18	______	Adorable	______	Jefe	______	Organizado	______	Contento
19	______	Popular	______	Productivo	______	Perfeccionista	______	Permisivo
20	______	Jovial	______	Atrevido	______	Bien portado	______	Equilibrado
Totales	______		______		______		______	

PERFIL DE LA PERSONALIDAD

DEBILIDADES

21	______	Estridente	______	Mandón	______	Apocado	______	Soso
22	______	Indisciplinado	______	Antipático	______	Implacable	______	Sin entusiasmo
23	______	Repetidor	______	Resentido	______	Resistente	______	Reticente
24	______	Olvidadizo	______	Franco	______	Exigente	______	Temeroso
25	______	Interrumpe	______	Impaciente	______	Inseguro	______	Indeciso
26	______	Imprevisible	______	Frío	______	Impopular	______	No comprometido
27	______	Descuidado	______	Terco	______	Difícil de contentar	______	Vacilante
28	______	Vacilante	______	Orgulloso	______	Pesimista	______	Insípido
29	______	Fácil de enojar	______	Argumentador	______	Sin motivación	______	Taciturno
30	______	Ingenuo	______	Nervioso	______	Negativo	______	Desprendido
31	______	Egocéntrico	______	Adicto al trabajo	______	Abstraído	______	Ansioso
32	______	Hablador	______	Indiscreto	______	Susceptible	______	Tímido
33	______	Dudoso	______	Desorganizado	______	Dominante	______	Deprimido
34	______	Inconsistente	______	Intolerante	______	Introvertido	______	Indiferente
35	______	Desordenado	______	Manipulador	______	Moroso	______	Quejumbroso
36	______	Ostentoso	______	Testarudo	______	Escéptico	______	Lento
37	______	Emocional	______	Prepotente	______	Solitario	______	Perezoso
38	______	Atolondrado	______	Malgeniado	______	Suspicaz	______	Sin ambición
39	______	Inquieto	______	Precipitado	______	Vengativo	______	Renuente
40	______	Variable	______	Astuto	______	Crítico	______	Comprometedor

Totales______ ______ ______ ______

Combinado

Totales______ ______ ______ ______